引揚交渉録

まえがき

「原点に還《かえ》れ！」、困ったときによく使われるフレーズである。「反日」「嫌中」と国民感情がもつれ、日本と中国の関係がきしみだした今、改めて、日中関係の出発点を見つめ直してみたい。

一九八〇年の内閣府の世論調査によれば、中国に「親しみを感じる」人は七八・六パーセントになり、アメリカを抜いた。二〇一〇年一二月の同調査によれば、「親しみを感じる」人が、昨年の調査より一八・五ポイント減の二〇・〇パーセントにとどまり、一九七八年の調査開始以来、最低となり、逆に「親しみを感じない」は一九・三ポイント増の七七・八パーセントに上り、過去最悪となった。

わたしは和歌山県の田舎で生まれ育ち、隣り近所の人たちに見守られて成長した。田舎では冠婚葬祭、何でも「隣組」単位で物事が決まる。もちろん、回覧板も隣組に回す。父母を早く亡くしたわたしは、その葬式の段取りや準備、すべて隣組の人たちが采配してくれるのを見て、頼もしく思った。近所付き合いの大切さを教えられ、何か珍しい物が手に入れば、隣近所に「お裾分け」を持って行き、人間関係に気を遣っていたことを覚えている。

もちろん、良い関係ばかりではない、悪口を言ったり、ケンカするのも隣組である。〝他人の不幸は蜜の味〟

という不謹慎で、イヤな慣用句があるが、隣の不幸に同情しながら、酒の肴にする場合もある。このような関係が煩わしいと引っ越す若者が増えているという。マンション暮らしで、近所付き合い、挨拶すらしない。隣の人の職業が分からない昨今である。

しかし、国家同士、いやだといっても引っ越せるわけがない。何百年たとうと隣国は永遠に隣国なのだ。ケンカもすれば、仲良くもなる。困ったときに助けてくれるのが隣国である。歴史を見ればよく分かるだろう。

日本と中国の付き合いは長い。二千数百年前、稲が伝播したのも中国大陸からであろうし、仏教や漢字、律令制度など日本文化のルーツが中国にあると言っても過言ではない。では、日本からは何も伝わらなかったかと言えばそうでもない。明治以降、西洋文化をいち早く取り入れた日本の文化が海を渡り中国にいった。西洋の先進文化を吸収するためにつくられた「日本製漢語」、また「人力車」は非常に便利であったと聞く。最近では「カラオケ」や「アニメ」などもある。とにかく、長年にわたり、日本と中国は交流を続けているのである。

わたしの周りには、中国へ渡った人が多い。伯父・杉本良一は、満鉄の勃利駅で働いていた。一九四五年八月九日、ソ連軍が攻め入り、一四日、ソ連機の爆撃で駅が破壊された。駅長、助役、伯父の三人は共にバスで逃げたとき、ソ連の戦闘機三機に計六回の波状攻撃をかけられ、機銃掃射で一緒にいた助役さんが被弾し、亡くなった。伯父が助役さんの口に日本酒を注ぎ、死に水を取ったそうだ。そして、九月三日になってようやく敗戦を知り、翌年、日本になんとか帰り着いたという。

わたしが勤めた㈱日中旅行社の社長・菅沼不二男は、同盟通信の特派員として一九三七年に中国へ渡った。敗戦後、中国東北地区（旧満州）に残った。邦人のための新聞『民主新聞』の発行にかかわり、その後、北京に行き外文出版社の顧問になった。今でも多くの人たちに愛読されている『人民中国』の編集に携わった。その菅沼氏は一九六一年に帰国した。子供が大きくなり、教育のことを考えて、日本に帰ったという。また、日中旅行社関西支社には日向勝氏がいた。彼は一九五八年に帰国した。敗戦後、「新四軍」に留用され、従軍の経験をもつ。当時、解放軍に砲兵隊がなく、砲兵のイロハを教えたそうだ。日向氏の帰国は大きく新聞に取り上げられ、「日本人大隊長の帰国」と報じられたそうである。わたしは日向氏からよくアモイ解放に立ち会った話を聞いたものである。たぶん、日向氏にとって一番の思い出だったのであろう。日中旅行社には他にも多くの中国からの帰国者がおり、日本と中国の人事交流に貢献していた。そのような会社環境の中で、上司・先輩から中国の思い出を聞かせてもらったことを覚えている。

話を元に戻そう、何が、日中関係の原点であろうか。わたしは一九五三年からの在華日本人三万人の引き揚げ問題が、間違いなく原点の一つであると思っている。また当時、通訳を務めた蕭向前氏が著書『永遠の隣国として』（竹内実訳、サイマル出版社）に中国側の在華日本人引き揚げ問題に対する考え方が載っている。

「在留邦人の引き揚げ問題をとりあげたことは、両国友好関係の大きな突破口となった。まず、日本側代表団の旅券に、目的地が『中華人民共和国』であることが初めて明記された。日本政府が承認していないにもかかわらず、事実上、関係をもたざるをえなくなったことが証明された。また、外交関係のない国家間において、交渉や対話の必要が生じたさいには、通常は赤十字組織を通じて行われるが、中国側は、日本政府を代表する赤十字社だけと交渉するつもりはなく、日中友好協会と平和連絡委員会を加えた三団体にするよう求めた。
これは外交関係のない不正常な状態で、人道主義、平和、友好の原則と精神にもとづいて対処した措置だといえる。後に、中国側は、これは戦後処理に属する問題でなく、引き揚げ意志のある在留邦人の問題についての会談であることを強調した」

一九四五年八月一五日、日本の敗戦時に、中国に日本人は約二百六十万人いた。そのほとんどの人たちは一、二年後には帰国した。引き揚げ作業が進む中、一九四六年七月に中国共産党と国民党の内戦が拡大し、多くの日本人は帰れなくなった。その後、中華人民共和国が誕生したが、日本政府がこれを認めず、政府間交渉がまったく行われなかった。在華日本人の帰国にめどが立たない状態が続いたが、日本赤十字社や日中友好協会、日本平和連絡会などの民間団体が様々なパイプを利用して、中国にアプローチした。また、一九五二年、人権派の高良とみ参議院議員、帆足計前参議院議員、宮腰喜助衆議院議員たち三人は、日本人として初めて新中国の首都・北京を訪問し、在華日本人帰国の援助を要請した。そうした努力の結果、中国政府は実態調査をはじめ、約三万人の日本人が今なお中国に残っていることが判明した。

一九四九年一〇月一日の中華人民共和国誕生のニュースは、日本の新聞では大きく取り上げられなかった。べ夕記事扱いである。当時の日本と中国の関係が知れよう。

一九五二年一二月一日の北京放送は、「中国に残留する日本人が三万人いて、国に帰りたいと望んでいる日本居留民には帰国を援助したい」と、発表した。待ちに待ったニュースが飛び込んできたのである。

このニュースにマスコミが飛びついた。連日流される新聞記事やラジオ放送に、多くの人たちが関心を寄せた。それもそのはずで、日本には在華日本人の家族・親戚が五〇万人以上いたという。国交が正常化されていない現状では、政府間交渉を望むべくもない。中国紅十字会を窓口として、交渉相手に日本の民間団体を指名してきた。日本赤十字社、日中友好協会、日本平和連絡会の三団体と高良とみ参議院議員である。

本著は中国に残された三万人の日本人をいかに引き揚げる（帰国させる）か、その交渉に当たった人たちを中心に描いたものである。断片的な資料を集めた。特に、参考とさせていただいたのは、高良とみ著『高良とみの生と著作第6巻―和解への道』（ドメス出版、二〇〇二年）、『日本赤十字社社史稿第6巻』（日本赤十字社、一九七二年）や機関紙『日本と中国』（日本中国友好協会発行）、「国会会議録」などである。

また、本書を読むにあたり、当時の国際関係と日本の独立を考慮に入れなければ、理解しがたい部分がある。それは、一九五〇年にはじまった朝鮮戦争である。三団体が中国側と交渉のテーブルについたとき、南北両軍が三八度線で対峙し、膠着状態がつづき、休戦には至っていなかった。この戦争で毛沢東主席の息子・毛岸英が戦死したことを忘れてはならない。いわゆる、この朝鮮戦争時に、アメリカ軍は、わが国・日本にある米軍基地から戦闘機や爆撃機を飛び立たせ、参戦していた。そして一九五一年九月八日、サンフランシスコ講和条約の調印、翌年四月二八日に条約が発効し、ようやく日本国民の主権が認められるようになった。このような国際環境の中、日中間で、在華日本人引き揚げについての交渉が行われたのである。

大谷育平

二〇一一年八月一日

凡　例

・引用文献については、旧字・旧かなは原則として現代仮名遣いに改めてある。

・ルビは引用を含め適宜振った。基本的には日本で一般的に使用されている読み方を「ひらがな」、中国音のものは「カタカナ」とした。

・人名、船名に関しては、文献により異なった漢字が使われており、下記のように統一した。肖向前（肖は「蕭」の簡体字）を「蕭向前」に、また、高良とみ女史の文献は「白龍丸」とあるが、他多くの資料は「白竜丸」とあるので、「白竜丸」に統一する。

・「国会会議録」に、「第015回国会　衆議院　海外同胞引揚及び遺家族援護に関する調査特別委員会」、「第015回国会　参議院　中共地域からの帰還者援護に関する特別委員会」とあるが、略してそれぞれ「衆議院引揚特別委員会」、「参議院引揚特別委員会」とする。

・代表団と連絡事務局の間で、数多くの電報のやりとりがあった。代表団から日本への交渉経緯の電報〈第一号～第二六号〉は『日本赤十字社社史稿〈第6巻〉』にすべて掲載されていたので、それを引用した。また、日本から代表団への電報の一部が『高良とみの生と著作〈第6巻〉』に掲載されていたので、「漢字カタカナ交じり文」で引用した。

・引用文によって、「中国」を「支那」または現在の「中国東北地区」を、「満州」と、他にも、今日の視点では差別を反映すると考えられる表現も登場するが、引用文の歴史的背景を鑑み原文通りとさせていただく。また、文中に「中国」を「中共」と呼ぶ箇所が多々ある。現在では、「中共」とは「中国共産党」を略したものであることを付け加えておく。

目次

装　画／木村美鈴
題　字／大谷容子
デザイン／秋山　智

日本側代表団名簿

団長：**島津忠承**（一九〇三―九〇）日本赤十字社社長。

戦前の華族。玉里家二代目島津忠済（久光七男）の長男。

一九三三年（昭和八年）貴族院議員（公爵議員）。

一九四六年（昭和二一年）日本赤十字社社長。

一九四六年（昭和二一年）結核予防会会長。

一九四六年（昭和二一年）社団法人三州倶楽部第5代会長。

一九七〇年（昭和四五年）社団法人三州倶楽部第2代総裁。

一九七三年（昭和四八年）勲一等旭日大綬章。

副団長：**高良とみ**（一八九六―一九九三）参議院議員、婦人運動家、平和活動家。

一八九六（明治二九）年富山県生、一九九三（平成五）年没、享年九六歳。日本女子大学校英文学部、一九一四～一七年在学。一六年、来日したラビンドラナート・タゴールに接して深い影響を受け、生涯の使命に目覚める。米国コロンビア大学大学院に留学、ジョンズ・ホプキンス大学で飢餓の研究をし、二二年ドクター・オブ・フィロソフィー学位を得て帰国。九州帝国大学医学部助手を経て、二七年日本女子大学校教授に就任。満州事変が起こった三一年の末、「止むに止まれぬ気持で」上海に渡り、翌年一月内山書店を訪ねて魯迅に会い、帰国に際して憂国の詩の書をいただく。三五年末日中関係の仲裁を依頼するためガンジーを日本へ招く目的で渡印し、シャンティニケタンでタゴールに、デカン高原でガンジーに会う。四〇年日中戦争の早期解決を求めて新体制運動に協力、大政翼賛会臨時中央協力会議に議員として出席、婦人局設置を要望。四六年広島県呉市政務第一助役（ただし女性のため嘱託）。四七年参議院選挙に全国区より立候補して当選、以来二期一二年議員を務める。五二年国交のないソビエトに入国、シベリアの日本人捕虜を慰問、中国に招かれて第一次日中民間貿易協定に調印、日中交流の道を開く。五三年再度訪中して在華邦人の帰国交渉に当たり、帰国を実現。五四年世界平和者日本会議を開く。

（高良留美子 作成）

副団長：**平野義太郎**（一八九七―一九八〇）日本平和連絡会委員。

一九二三年、東京帝国大学法学部助教授。二七―三〇年、フランクフルト大学に留学してマルクス主義を研究する。カール・ウィットフォーゲルやヴィルヘルム・ヴントの講義を受講。三〇年、帰国後、共産党シンパ事件に加担したとして治安維持法違反で検挙されて免官処分、執行猶予付きの有罪判決を受けた。三六年にはコム・アカデミー事件で検挙されたがこの時には無罪になった。戦争中の大東亜戦争賛美により戦後は教職追放。しかし共産党の組織力を背景にして復権し、二〇年間にわたって日本平和委員会会長を務めるなど、平和運動家となる。

代表：**内山完造**（一八八五—一九五九）日本中国友好協会理事長。日中友好運動家。岡山県後月郡芳井村（現・井原市）出身。一九一七年に上海内山書店を開く。また魯迅・郭沫若などの文化人と親交を深めた。一九四七年、国府により日本へ強制送還。一九五〇年、日中友好協会理事長となった。一九五九年、中国の招きで病気療養のため中国にわたり、北京で脳溢血のため死去。

代表：**工藤忠夫**　日本赤十字社外事部長。

代表：**畑中政春**（一九〇七—七三）日本平和連絡会事務局長。神戸高等商業学校（現・神戸大学）卒業。一九三〇年、ハルピン日々新聞社入社、三二年、朝日新聞社に入社、大連支局に勤める。三四年、朝日新聞大阪本社に転勤。五〇年レッドパージで退社。五二年、アジア・太平洋地域平和会議日本大会で日本平和連絡会の設立が決められ、常任理事兼事務局長となる。

代表：**加島敏雄**　日本中国友好協会理事。東亜同文書院出身、中国語堪能。

工作員：**林祐一**（一九一六〜）日本赤十字社嘱託（外務省条約三課事務官）。

東京外国語大学中国語部法科卒業後、四三年、外務省（大東亜省）外交官試験受け採用。在北京日本大使館経済部商工課に勤務。四五年、現地で陸軍二等兵に召応。香港、シドニー、マレーシア等で領事、七二年、初代駐中国公使として北京に大使館を開設。

在華日本人の引き揚げ（帰国）交渉で、きわめて重要な役目・通訳を担う。形は日赤の臨時職員であるが、外務省から派遣された唯一の政府職員であった。彼は日本側の通訳を務めた関係で、その後、日中国交正常化に関わる多くの幹部と知り合った。

工作員：**中村昌行**（当時四九歳）大阪商船東京支店次長。

随員：**氷見由太郎**　日本赤十字社。

随員：**岩村三千夫**（一九〇八―七七）日本中国友好協会理事。

新潟市出身。一九三一年、早稲田大学政経学部卒業、早大在学中にプロレタリア科学研究所に参加し、支那問題研究会に所属、責任者となる。三三年プロ科の改組を推進し、翌年検挙（不起訴）。三七年、読売新聞社入社。上海、香港、シンガポール特派員や支局長を歴任。戦後読売争議で退社、中国研究所設立の中心となった。

随員：**平垣美代司**（一九一七—八四）日本平和連絡会。総評を代表して参加。

大阪出身。関西大学卒業。一九五三年日教組書記長となり、勤務評定反対闘争などを指導。五八年、宮之原貞光に書記長選で敗れ、六八年大阪地区評議会事務局長。反共路線をとり共産党系労組から批判され七二年退陣した。

随員：**桜井善一**　高良とみの秘書。

中国側代表団名簿

団長：**廖承志**（一九〇八—八三）紅十字会顧問。のちの中日友好協会会長。

日本で生まれる。父は孫文のよき片腕・廖仲愷、母は中国国民党左派の幹部・何香凝。一三歳で帰国。

一九二七年、香港経由で、再び来日。早稲田大学付属第一早稲田高等学院に入学。

一九二八年、日本帝国主義が済南人民を虐殺した「五・三虐殺事件」を糾弾するための集会に参加。逮捕、国外追放される。中国共産党入党。ドイツに派遣される。

一九四六年、中央宣伝部副部長、新華社社長。

一九四九年、中華全国民主青年連合会主席。中国人民政治協商会議全国委員。中国人民世界平和擁護委員会副主席。

一九五四年、第一期全国人民代表大会代表、第一期全国人民代表大会常務委員会委員。

一九五七年、中国共産党第八期代表大会で中央委員。

一九五八年、国務院外事弁公室副主任。

一九六三年、中日友好協会会長。

一九七八年、第五期全国人民代表大会常務委員会副委員長。

一九八二年、中国共産党第十二期一中全会で中央政治局員。

副団長：**伍雲甫**　中国紅十字会常務理事。

中国紅十字会はえぬきの人。五十歳前後であろうか、色白で濃い眉毛のおだやかな人物。人民救済会秘書長。

（『日本と中国』一九五四年一一月一日）

顧問：**趙安博**（一九一五―九九）
一九三四年、第一高等学校（現在の東大教養学部）留学。三七年帰国。日本労農学校の副校長（校長は日本共産党元議長の野坂参三）。中華人民共和国建国後、東北人民政府の日本人居留民管理委員会の副主任。中日友好協会の初代秘書長。

副秘書長：**林士笑**　中国紅十字会（医師）。

副秘書長：**倪斐君**（女性）中国紅十字会（医師）。

中国紅十字会副秘書長で中国人民救済総会の執行委員会副秘書長を兼任。小児科の女医さんで、無痛分娩などについてはなかなか堂々たる論文を発表している。

（『日本と中国』一九五四年一一月一日）


連絡部長：**紀鋒**　中国紅十字会（外事部長兼副秘処長）。

青年紳士といったところ。礼儀正しい無口な青年。北京大学出身で英語は極めて堪能である。これまで赤十字の国際会議には必ず出席している。

（『日本と中国』一九五四年一一月一日）

プロローグ

中華人民共和国建国後、はじめての訪日団・中国紅十字会代表団

昭和二九（一九五四）年一〇月三〇日夕刻、羽田空港の到着ロビーは異様な興奮に包まれていた。一〇〇〇人を越す歓迎人。そこに中華人民共和国からの初めての訪日団「中国紅十字会代表団」一行一〇人（うち三人は一〇月二八日に先着）を出迎えるために集まった人たちで埋め尽くされていた。

午後五時五〇分、ＣＰＡＬ機が到着。紺のオーバーの襟に黒茶色のネッカチーフをまいた李徳全中国紅十字会会長が、満面の笑みを浮かべながら飛行機から降り立つと、空港は歓声とカメラのシャッター音に包まれた。

「私たち中国紅十字会の代表団は日赤の島津忠承先生の招きを受け、はじめて日本に友好的な訪問をする機会を得たことを非常にうれしく思います。私たちの今回の訪問は中日両国お互いの新しい発展を示すばかりでなく、中日両国民の理解を含めることに役立つでしょう。ここで日本の赤十字工作者のみなさま、社員、

東京都民および日本人民のみなさまに心からごあいさつします」
（『日本赤十字社社史稿第6巻』日本赤十字社、一九七二年）

歓迎の波は羽田空港だけではなかった。宿泊の帝国ホテルには、七〇〇人、神田の共立講堂の「歓迎大会」には場外にもあふれる二六〇〇人が、名古屋駅には一五〇〇人、京都駅は一〇、〇〇〇人が出迎え、代表団一行は日本中に大フィーバーを巻き起こした。京都から大阪の五十キロメートルの沿道に歓迎の人々があふれ、手にもった日の丸と五星紅旗の小旗をうち振り、一行を熱烈歓迎した。また、警護にあたるのは警官でなく、ボランティアの人たちが五十メートルおきに切れ目なく配置され、一行の安全を護った。そして圧巻は、一一月九日午後六時三〇分から大阪の扇町プールで開かれた「代表団歓迎西日本国民大会」であった。西日本各地から集まった人たちで会場は埋め尽くされ、会場内三一、〇〇〇人、場外一〇、〇〇〇人の計四一、〇〇〇人の歓迎集会が開催された。

李徳全（一八九六―一九七二）　河北省出身、協和女子大学卒業後、貝満女士中学教員。二九歳で馮玉祥と結婚。日中戦争中、重慶で婦女慰労総会を指導。一九四九年四月、中華全国民主婦女連合会副主席。一〇月、中央人民政府衛生部長、中国紅十字会長。

羽田空港に到着し歓迎を受ける李徳全団長（中央丸顔の人物）と紅十字会代表団の一行（1954年10月30日）――『日中友好運動五十年』（東方書店刊）より

中国紅十字会の代表団の通訳として来日した王效賢《おうこうけん》（中日友好協会副会長・政治協商会議全国委員）さんの話が『日本と中国』（二〇一〇年一月一日号）に掲載された。

「たいへんな歓迎で、ほんとうにビックリしました。団は帰国後に、日本での体験を周恩来総理に報告しましたが、周総理は『それならば日本との友好交流も国交正常化もすすめられる』と。周総理は将来に確信を持たれたのでしょう。日中友好協会の皆様があらゆる困難をものともせずに切りひらかれた友好の道があったからこそ、その後の大きな発展につながったのです」

この歓迎集会が開催された裏側に、ボランティアの労働者や学生たちの活躍があった。当時二十歳の学生は、もうすでに七十七歳になっている。その思い出をつづった文章が残されていた。

「李徳全女史の来日」

原田　修

中国紅十字会（赤十字）総裁の李徳全女史を団長とする訪日団は、一九五四年一〇月三〇日、日本赤十字、日中友好協会、平和連絡会の三団体招聘、受け入れで来日した。中国からの邦人引き揚げで格段の支援をいただいたお礼というかたちをとった、新中国成立後はじめての訪日団である。

わたしの大学二年の秋のことである。

夏休みの〝ヴ・ナロード〟で先輩からいろいろと〝ご指導〟を仰いではいたもののまだ〝実践〟には程遠い日々を過ごしていたが、このときばかりは有無を言わさず「府学連」の指示による訪日団一行の護衛を申し付けられた。大阪外大高槻学舎自治会の守備範囲は京都との県境から市内の歓迎会会場まで、特に一行が慰問する岸部の療養所付近が重点警備の対象となった。

わたしたちは二人一組で二日前の夜半から、その後万博会場で開発された山田村の藪のなかに潜み、あやしげな人の動きをチェックすることになった。国交未回復の当時、政府、警察はあてにならず、右翼の不穏な動きにも注意する必要があったのである。

学生のほか労働者なども警備にあたっていたので、合言葉は忠臣蔵もどきの、「ヤマ」と呼べば「カワ」と答える、となっていた。しかし、仲間だけが警備にあたっているのではない、暗闇のなか近寄ってくる人に向かって「ヤマ」と声をかけると「コラッ！」と警棒を振りかざしてくる、南無三！　逃げるにしかず、とばかり追っかけっこの連続、秋とはいえ汗だくで藪の中で息をこらす始末であった。

関西歓迎会場は四万人の人であふれかえっていたが、一仕事終えたわたしたちは芝生に寝転がって夢の世界をさまよっていた。

これがわたしと中国のはじめての出会いとなった。

（二〇〇三、一、一九　記）

原田　修（はらだ　おさむ）　昭和九（一九三四）年七月二二日生。一九五七年、大阪外国語大学（フランス語）卒業、友好商社・山福㈱入社。元大阪府日中経済交流協会副会長

なぜ、この一行がここまでの歓待を受けたのであろうか。

それは、一九五三年三月から始まった在華日本人三万人の引き揚げ（帰国）に関しての中国政府、また、窓口になった中国紅十字会に対して、日本国民の感謝の気持ちが強かったからである。

第一章　敗戦前後の日中関係

大正十三（一九二四）年四月一日発行の『旅』（日本旅行文化協会）に、坂本政五郎氏のコラム「満洲旅行について」が掲載されていた。

——満洲が我日本の完全な植民地であるか否かの法理論は別として、我々が東洋の活舞台に活躍せんとするには、是非ともこの満洲並びに蒙古を開発して、ここを足場としなければならぬことは何人も否定し得ぬであろうと思う。

満蒙開発、それはもちろん軍事的侵略又は政治的進出を意味するものでは決してない。文化的開発、経済的発展であって、これは我々日本人の使命であらねばならぬ。世界における日本の使命を果たすには、先ず東亜大陸の使命を果たさねばならぬ。

（以下省略）

今から考えると、実に傲慢《ごうまん》で、奇妙キテレツとしか言えない論理に、国民世論が納得していたのだろうか。このような世論を利用したのが、関東軍作戦参謀の石原莞爾《いしわらかんじ》や「満蒙開拓計画」を説いた日本国民高等学校長加藤完治である。昭和七（一九三二）年十月五日、第一次武装移民団四一六名が組織され出発した。以降、青少年義勇軍を含む満州開拓移民は続々と大陸に渡り、総数は二七万人に達したという。

また、河合俊三著『南支経済論』（三笠書房、一九四一年）には、大東亜共栄圏確立という謳い文句でどんどんエスカレートしていった様子が綴られている。華南に向けての野望も見てとれる。

――我国の南支進出の日なお浅きことに鑑みれば、こうした状態も一応無理からぬこととして承認しなければならぬかも知れぬが、今後我国が大東亜共栄圏確立の大事業を遂行するにあたって、南支に対する国民の関心並びに調査研究がいつまでも今日の如き状態に止まっていることはもとより許さるべきでなかろう。我国の国策は昨年以来日満支ブロックの結成より一歩進んで大東亜共栄圏の確立を明確に標榜するに至った。

出会い

高良とみと内山完造の面白い出会いがある。どのような縁かは分からないが、二人ともクリスチャンであった。完造は大正二（一九一三）年に中国に渡り、一九一七年に上海で内山書店を開いた。

当時、中華民国が興ったばかりで、知識人たちは近代化を目指し、進んだ欧米文化の吸収を図った。しかし、欧米の書物を読んでも、文化の違いで、中国には適する漢語がなかった。例えば、「民主」「化学」などである。そこで、既に日本で造られた「日本製漢語」で著された日本の書物を読むようになった。内山書店は時代の潮流に乗り、大きく発展した。完造は上海で魯迅《ろじん》や郭沫若《かくまつじゃく》、田漢《でんかん》、欧陽予倩《おうようよせん》、郁達夫《いくたつふ》などの中国の文化人と付き合った。また、日本人では塚本助太郎や升屋治三郎などが常連で、谷崎潤一郎や佐藤春夫らは上海に来たときには完造を訪ね、中国の若き文人たちとの交遊の場を設けてもらった。谷崎の「上海交遊記」には、

此の書店は、満洲を除けば支那に於ける日本の書肆では一番大きな店であると云う。主人と云うのは、気の若い、話の分かる、面白い人であった。店の奥のストーブの周りに長椅子やテーブルが置いてあって、買い物に来たお客たちがそこでちょっと茶を飲みながら話しをするように出来ている。——思うに此の店は書物好きの連中の、溜まりのようになっているらしい。(中略)……今の支那人の新知識は、殆ど大部分が日本語の書籍を通して供給される。無論日本の物と限らない。西洋の物でも日本訳で読む。それは一つには、上海は商人の都会であるから、西洋の本屋があるにあっても、本の種類が限られていて、容易に彼等の望むような原書が得られない。たまたま原書を得たいと思えば、東京の丸善へ問い合わせると云う状態であることと、尚もう一つは、語学の点である。日本語はしゃべるのはむづかしいが、単に読むだけなら、英仏独語に比較して難易は同日の談ではない。小説や戯曲の味が分かるようになるには、それでも一二年は懸かるけ

れども、科学や法律の書籍であったら、半年ぐらいで曲がりなりにも読めるようになる。従って、手っ取り早く新知識を獲得しようとする支那人は、皆争って日本語へ趨る。

このように、内山書店は新知識を得ようとする若き文士たちの溜まり場となり、日中の文化サロンを形成していた。また、完造の商売のやり方は「掛け売り」をした。中国の知識人たちは読みたい本があれば、持って帰り、金が出来た時に払えばよかったのである。ちなみに、ほとんど踏み倒す人はいなかったという。そんな完造を高良とみは訪ねたのであった。

一九三〇年代の上海は高層ビルが建ち並ぶ異国情緒豊かな国際都市であった。アヘン戦争後、ここに租界が設けられ、イギリス・フランス・アメリカ・日本から多くの人々が夢と希望を求め、上海にやってきた。もちろん、中国人も暮らし、その中には中国の官憲から逃れるために共同租界にやってきて身を潜めるものも多かった。当時の上海は「魔都」とも「大上海」とも呼ばれ、多民族が入り交じる不思議な街であった。

旧イギリス租界・外灘から蘇州河にかかるガーデンブリッジを渡ると、日本人が多く住む地区・虹口《ホンキュウ》がある。一九三〇年代に入ると、賑わいは呉淞《ウースン》路から新たに北四川路に移りつつあった。沿道には大小の商店や百貨店、ホテル、飲食店、劇場、銀行が建ち並んでいた。夜になるとカフェやダンスホールのネオンがまばゆい歓楽街になり、昼夜を問わず賑わいをみせ、上海の「新宿」または「小東京」とも呼ばれていた。交通手段はアメリカ製の乗用車も走るが、庶民は一般的に電車かバス、ときには黄包車《ワンボウツォ》と呼ばれる人力車や馬車を利用し、雑踏の合間を縫うようにかけて行く。虹口はそんな活気溢れる街であった。

一九三二年一月一日、北四川路が大きく湾曲したところに小さな本屋があった。看板には「内山書店」と書かれている。高良とみは、この店の主人・内山完造を訪ねた。高良とみは日本女子大学校を卒業後、渡米してコロンビア大学、ジョンズ・ホプキンス大学で心理学を専攻し、日本女性として初めて博士号を取得した才媛であった。このころは高良は日本女子大学校の教授であり、インドのガンジーに会うため、途中、上海に立ち寄った。

小川環樹著『談往閑語』によれば、内山書店の奥にテーブルと籐製のイスがあり、そこが魯迅のお気に入りの場所であった。完造はそのテーブルに高良とみを案内してお茶を出した。小澤正元著『内山完造伝』には、完造の特製日本茶が魯迅などの文化人に人気があったようである。

「宇治茶で、『雁がね』という、わたしが一番好きなお茶です。宇治の『山政』のご主人である小山さんが、わたしのために特別精選して送ってくれたものです。魯迅先生にも好評でしてね……」

高良とみは完造に、満州や上海のことを聞き、平和について、また、女性問題について語り合った。いつの間にか、時間が経ち、帰ろうとした時、「中国の新しい作家、魯迅という先生がいますから、ぜひ会っていきなさい。明日はお時間がありますか」と。

翌日、高良とみは魯迅と会うことが出来たようである。『魯迅日記』には、一月一二日に、「夜、広平とともに内山君の寓居に行き、晩餐す。同座、さらに高良富子夫人あり」。また、一月二三日午後、「高良婦人のために一小幅を書く」とある。

＊高良とみ著『非戦を生きる——高良とみ自伝』（ドメス出版、一九八三年）には、一九三五年の冬に魯迅に会ったとあるが、その後、一九三二年と訂正される。高良留美子さんによると、高良とみは三一年末、上海に行き、再び、三五年にも渡印の途中、上海に立ち寄った。戦前、高良とみは少なくとも二度、内山完造に逢っている。

満州事変が起こり、日本軍部の侵攻に心を砕く魯迅に高良とみは、「日本にも賀川豊彦さんや尾崎行雄さんら、わずかながらでも中国侵略を企てる日本軍部に抵抗しようとしている心ある人びとがおりますし、わたしたちもこうしてガンジーさんを招きに行く途中です」。

魯迅が高良とみの婦人や平和に対する考え方に、感銘を受けたのであろう。高良婦人に贈られた漢詩一幅が残されている。

血沃中原肥勁草（血は中原に沃《そそ》いで勁草《けいそう》を肥やす）
寒凝大地発春華（寒は大地を凝《こら》して春華を発す）
英雄多故謀夫病（英雄故《こと》多く謀夫は病む）
涙灑崇陵噪暮鴉（涙は崇陵に灑《そそ》いで暮鴉噪《さわ》ぐ）

（高田淳訳『魯迅詩話』より）

＊この魯迅直筆の詩編は、二〇一〇年に高良とみのご遺族から魯迅ゆかりの東北大学に寄贈された。

魯迅が高良とみに会った六日後、一月一八日、日本人僧侶に対する暴行殺人事件（上海公使館付陸軍武官補佐官だった田中隆吉少佐は、自らが計画した謀略であったと証言している）が発生。一月二八日、この事件がきっかけになり、上海事変が勃発した。

魯迅は母国への熱情を謳い、日本軍部への怒りを……、国際的な平和主義者の高良とみに〝何もできないふがいなさ〟を吐露しているような七言絶句である。

外交官・林祐一

引き揚げ交渉のため、林祐一は日本赤十字社の嘱託通訳として、外務省から代表団に派遣された唯一の公務員であった。彼は、東京外国語大学を卒業後、昭和一八（一九四三）年に高文試験に合格して、「大東亜省」に入り、北京の日本大使館に配属された。一九四五年五月、北京で召集され、二等兵として終戦を迎えた。林祐一の著書『日中外交交流回想録』によると、林は河南省で敗戦を知った。その後、大学の先輩と共に北京を目指し、徒歩で、また鉄道を乗り継ぎ二ヶ月をかけ、北京にたどり着いた。途中、身の危険を感じたこともあったようだ。当時、世の中は乱れ、山賊紛いの輩も出没した。山東省で、中国共産党の新四軍、八路軍に遭遇して、粟粥や煎餅のご馳走になった。そのとき、岡野進（日本共産党の野坂参三）を領袖とする延安の『日本人解放連盟』への参加を打診されたようである。もし、参加していれば、留用（人を自分の国にとどめておいて使うこと）されたことになり、在華邦人がまた二人増えたことになった。その後、二人は列車に乗り、天津に着いた。今度は駅で国民党の警備隊に連行され、些細《ささい》なことで暴力をふるわれた。やっとのことで、釈放され、翌日の列車で北京にたどり着いたとある。昭和二一年五月に帰国でき、外務省勤務となった。

引き揚げ交渉団のメンバーになったことは、林にとって大きな人脈を中国に築くことができた。対日政策の責任者・廖承志《りょうしょうし》、将来、中日友好協会の会長になる孫平化《そんへいか》、中日覚書貿易事務所東京連絡事務所首席代表になる蕭向前《しょうこうぜん》などと、この北京会談で知り合った。一九七二年の日中国交正常化後、林祐一は初代中国公使として北京に赴き、日本大使館を開設した。

終戦時における在外邦人の数

終戦時海外にあった軍人軍属及び一般邦人は約六六〇万人であり、一般邦人は約半数を占めていた。

（厚生省監修『援護50年史』ぎょうせい、一九九七年）

昭和二〇（一九四五）年九月二日、米艦ミズリー号の甲板で、日本の代表が降伏文書に調印したとき、海外には六六二万人の日本人がいた。これは明治以来約八〇年にわたって海外に飛躍した一般日本人と、日華事変から大東亜戦争にかけて出征した軍隊に属する日本人であった。すなわち日本政府の調査による在外邦人の数ならびに地域はつぎのとおりである。

濠州地域	二二八、六八〇
中国	一、五〇一、二六〇
台湾	四七五、三〇八
ハワイ	三、五九二
香港	一九、二二二
南鮮	五九五、四〇四

満州	一、一〇五、八三七
本土隣接諸島	六二、三八九
蘭領東インド	一五、五九〇
ニュージーランド	七九七
北部仏印	三二、〇三七
太平洋諸島	一三〇、九〇六
フィリピン	一三二、九一七
沖縄	六九、三六六
東南アジア	七一〇、六八五
ソ連地区	一、六二〇、五一六
合　計	六、六一八、五〇六

＊なお、右表の本土隣接諸島には壱岐、対馬を含み、太平洋諸島にはグアム、サイパン、テニヤン等を含み、東南アジアには南部仏印、マレー、シンガポール等を含み、ソ連地区には大連、千島、樺太、北鮮、シベリア等を含む。

（『日本赤十字社社史稿第6巻』日本赤十字社）

引揚問題に対する世界の対応

ほとんどの在外邦人は、敗戦後、一、二年で帰国を果たした。しかし、中国の内戦や、東西冷戦、朝鮮戦争など各国の対立が激しくなり、引揚作業は頓挫した状態であった。この引揚問題については、人道的見地から世界的な関心が高まりつつあった。一九五〇年、ソ連や中国に残された日本人について、対日理事会（連合国最高司令官の諮問機関）や国連でも討議されるようになってきた。一九五二年発行の『世界年鑑』（共同通信社）に「引揚問題」が掲載されている。

――対日講和が終わっても依然未解決のままで残される大きな問題は、ソ連、中共地区の日本人引揚問題である。米英濠地区の日本人引揚は四七年十二月に完了したが、ソ連からは四九年を最後に日本人の団体送還は終わり、五一年中は七十三名（ソ連九・中共六四）を見たにすぎない。

日本政府の調査によれば、ソ連中共地区にはいぜん三十四万五五百八十五名の邦人が残されている事が確実視されたが（外務省引揚白書、五一・七・二五）ソ連側はこれにたいし「ソ連地区には一、四八七名の日本人戦犯しか残っていない、そのうち九七一名は中共地区に送られている」と言明している。これよりさき、五〇年十二月、マッカーサー元帥の指示に基づいてシーボルド対日理事会米代表は同理事会で日本人の引揚問題をとりあげたが、ソ連代表の連続欠席、ボイコット政策にあい、対日理事会での日本人引揚問題討議は自然中止のかたちとなっている。

しかし、一方、国連はソ連地区の未引揚者問題を重視し、五〇年十二月には社会人道委員会で日独捕虜問題を討議、五一年六月には引揚に関する特別委員会を設置し、政治をはなれた人道的見地からこの問題の究明にのり出すことを声明した。

（『世界年鑑』共同通信社、一九五二年四月一日）

第二章　在華日本人、帰国へのさまざまなアプローチ

一九四五年八月一五日、日本の敗戦以降、日本人の引き揚げ作業は順調に行われたが、中国共産党と国民党との内戦拡大で、三万人（日本政府は六万人弱と思っていた）あまりの日本人が中国に留まざるを得なかった。短いもので八年、長い人で二〇年、三〇年と祖国日本を離れた人たちが中国に残っていた。昭和二四（一九四九）年一〇月一日、新中国誕生以降、日本政府は蒋介石と手を組み、中華人民共和国を敵視する政策をとっていたため、在華日本人の引き揚げ交渉はまったく見通しのつかない状態であった。

しかし、同年一一月から、日中間で文通が可能となり、在華邦人の消息が次第に判明してきた。そして、日本赤十字社をはじめ、日中友好協会や日本平和連絡会などの民間団体は、在華日本人が祖国に帰れるようにと、さまざまなパイプを使い、中国側にアプローチを試みていた。

このような状況の中、一九五〇年一月、日本中国友好協会準備会の発起人総会が開かれ、二月には機関紙『日本と中国』が創刊された。機関紙には「在華邦人への手紙の出し方」などが紹介され、在華日本人と留守家族との通信方法が案内された。また、中国瀋陽にある邦人紙『民主新聞』とも連絡を取り、不明

日本人の行方の紹介「尋ね人捜し」なども積極的に行われるようになった。

在華邦人への手紙の出し方

日本赤十字本部では中共地区にいる日本人との通信について六日、次の通り発表。封書は二〇グラムまで二四円の切手を貼り外国郵便としてだす。

一、瀋陽に在留するもの……瀋陽行政委員会日僑管理委員会
趙安博副委員長気付
二、ハルビン……ハルビン市紗紋頭街一五号　ハルビン日本人会気付
三、安東市……安東市安東日本人会気付
四、長春市……長春市政府外僑科轉交　甲野正男気付
五、人民解放軍に参加しているもの……瀋陽東北解放軍総衛生部轉交
六、中国全土に転戦していると判っているもの……中国解放軍第四軍衛生部轉交
七、居住の判らないもの……瀋陽行政委員会日僑管理委員会
趙安博副委員長気付

（『日本と中国』一九五〇年四月二〇日）

一九五〇年八月一日、日中友好協会内に、「東北（満州）在留邦人『尋ね人』係」設置。

（『日本と中国』一九五〇年八月一日）

日本赤十字社、モナコで中国紅十字会に残留邦人の調査を依頼

一九五〇年一〇月、モンテカルロで開かれた赤十字の国際会議で、日本赤十字社の島津忠承社長が中国紅十字会会長の李徳全女史に初めて会ったときの記録が残っている。

——朝のあいさつをかわすだけだった中国代表とも、すこしずつ話し合うようになった。ある夜のパーティーで、古田君が、はじめて、中国代表と、大陸に残留している邦人の話をかわした。中国代表は、こう言った。

「日本赤十字社からの、三百三十六人の看護婦を含む、残留邦人の帰国に関する書簡は確かに受け取っています。ただし、一九四九年、つまり、中華人民共和国成立以前のことが、詳細にわかっていないので、いま調査中なのです」

「どうぞ、今後とも、赤十字の精神と原則にしたがってご協力ください」と、われわれは頼んだ。数日後に、首席代表だけの午餐会があった。そのとき、私は、はじめて、李徳全女史と、かなりながい間話し合う機会を得た。彼女は、開会式で顔を合わせた時とはちがい、ずっと微笑みをただよわせていた。

（島津忠承著『人道の旗のもとに』講談社、一九六五年）

アジア・太平洋地域日本平和連絡会、北京へ代表を派遣する

――一九五二年三月末頃だったと思う、北京の平和委員会から、一通の手紙が平和擁護日本委員会にとどけられた。それは、近くアジア・太平洋地域平和会議を北京で開くから、日本からも代表を派遣するように、との呼びかけであった。（中略）

大山郁夫、末川博、清水幾太郎、長田新、柳田謙十郎、平野義太郎、櫛田ふき氏ら一七氏が発起人となり、四月二一日に第一回準備会を開いて声明を発表すると共に、わたしが日本準備会事務局長に選出された。（中略）代表は決まった。問題は旅券だ。吉田自由党内閣は頑として拒否する。渋沢外務次官は、「日本は安保条約を結んだのだからアメリカについてゆく以外にない、だから旅券は出せない」と放言した。

会議は一〇月二日から開催され、日本からは中村翫右衛門（前進座）、亀田東伍（大化学労組委員長）らがたまりかねて実力渡航し出席した。たまたま、ヨーロッパへ旅行中の南博（一橋大学教授）、香港滞在中の櫻井英

雄（巴商事常務取締役）、世界労連の金子健太ら一四人が参加した。

（畑中政春著『平和の論理と統一戦線』太平出版社）

日本中国友好協会、在華邦人からの送金取扱いをはじめる

一九五二年になると、中国で留用されている人たちが、日本の家族に送金したいと、民主新聞社から日中友好協会に依頼があり、協会がその窓口を引き受けた。民主新聞社がとりまとめ、毎月協会に送ってくるお金は、当時の額でなんと累計三千万円（週間朝日編『続値段の風俗史』によれば、一九五二年の教員の初任給が五八五〇円）に達したという。

一九五二年三月一九日、ナショナル・シティ銀行から日本国民救援会あてに通知があった。総額は八千三百五十七ドル九十六セントで、日本円に換算すると約三百万円くらいになり、したがって留守家族一口当たりは約三千円になる見込みといわれる。（正確な金額は後日協会から発表される）。協会事務局では送金リストによって、受取人の住所確認のため往復はがきをそれぞれの家族あてに発送したが、その返信は遠方をのぞいてほとんど到着したので、銀行から現金入手次第、各家庭に送金をはじめる予定である。

（『日本と中国』一九五二年四月一日）

送金あっせんまでの経緯

昨年十月、日本国民救援会から本協会に「在華日本人の便りのなかに、留守宅へ送金したいとの希望があるが、この問題はどう処理すべきだろうか」との問い合わせがあったので、協会では、「現在の両国間の状態では、送金は相当むつかしいと思われるので個人としてではなく在華邦人全体として解決する方法を考えるべきだろう」という回答をした。この考えが国民救援会から在華邦人に伝えられ、瀋陽で発行されている邦字新聞『民主新聞』でこれをとりあげてあっせんした結果、本年一月四日付で本協会と国民救援会あてに、

「今般中国人民救済総署（責任者・宋慶齢女史）の好意によって日本向け送金ができることになりました。貴協会と国民救援会と相談の上、家族に分配の手続きをして下さい」との申し入れがあり、そこで本協会と国民救援会とで数回にわたり協議した結果、留守家族の便宜を考えて本協会が、あっせんの衝にあたることが適当とされ、その旨民主新聞社宛、一月二十三日に返信。折り返し二月二十三日民主新聞社から別項のような書簡が、到着したのが、経過の大要である。

（『日本と中国』一九五二年四月一日）

民主新聞社からの手紙（大要）

在中国日僑（中国に住んでいる日本人）の家族への送金取扱いについてのあなた方の手紙は一月受け取り各日僑に発表しました。みんな大変喜んでいます。どうか今後ご面倒でも援助して下さい。

一、日本の家族への分配取扱いについては、私の方としては意見がありません。そちらで協議して最も適当な、また便利なところでやってください。ただし私の方は中国人民救済総署に依頼する関係上日本国民救援会宛にしか送金の方法がないわけです。したがって国民救援会の方へ送ります故、厄介でもそちらで適宜処理してください。

二、今日、人民幣二億二千五百万円（元）を日本国民救援会あて送るよう手続きを終わりました。これは約九千米ドルで為替手数料その他を差し引いて二七〇万—三〇〇万日本円と思います。

三、送金額は一口二十五万円（元）として、一口又は二口に限る（近い将来、口数は無制限にする予定）。したがって今回送りましたのは全部で九〇〇口、このうち五五二口は日僑に各家族への送金依頼分、一〇八口は前進座の映画基金カンパ応募寄付金、二〇〇口が日本国民救済会への救援寄付金、四〇口が民主新聞社資料室の書籍購入依頼金。この率によって、そちらで適当に分配の方法を考えて下さい。

四、五五二口の各個人家族生活費送金分取扱い費はこちらは大体次のように発表してあります。一口二十五万円（元）が約一〇ドルになること。但し、為替手数料、その他によって公定一ドル三六〇円は受け取れず、大体三、二〇〇―三、三〇〇円が、日本での受取金になる。

これより一口の送金為替料、郵便、書留料、封筒代など約一〇〇円、人件費一人分五〇〇〇円として、やはり一口当たり約一〇〇円（大体毎月五〇〇口は下らないみこみです）。したがって、もしかりに一〇ドル（中国人民幣二十五万円）換三、二〇〇円以上のときは、本人手渡し金三、〇〇〇円以上になるが、計算の便宜及び口数が少ない、あるいは為替の変動その他の場合をみこして、二十五万円（元）の各家族手取額は三千円と暫定する。

以上のようですから、差があまり甚だしいようでなかったら、大体一口三、〇〇〇円を各家庭に分配してください。――勿論、貴方の方の受け取り一口（一〇ドル）三、二〇〇円以下の場合はこの方式で再計算して差し引いて下さい――。

五、各家族への払渡金は以上のように一口三、〇〇〇円でよいのですが、実際兌換円額（総受取額＋九〇〇）したがって手数料（暫定二〇〇円）で差がどれだけあるか？　計算は送って下さい。これは救援会、友好協会資金あるいは平衡金に寄付することは間違いないが、その額がどれだけか数字は発表してはっきりする必要がありますます故、右ご面倒でもご配慮願います。一口の手数料二〇〇円は大体救援会の資料に基づいて、こちらの予測で行ったので、不合理があったら訂正して下さい。こちらでは一人一月五、〇〇〇円の人件費は少し安すぎるのではないかという意見もあります。

六、民主新聞社の日中友好協会宛書籍購入費はあなたの方の承諾を得ず、独断でこちらで決めたわけですが、別に欲しい資料を申し込みます故、ご面倒でも各書店に依頼してご手配下さい。

七、前進座への応募金は、もしこちらにフィルムが送れるようならもっと集まります。フィルム一本代価、郵送費の額及びこちらへ送ることが可能か不可能か知らせて下されば幸いです。勿論、今回の寄付金はその意味での代価ではなく、純然たる義援金でありますからフィルム送付如何に懸念なく使って下さるよう伝えて下さい。

八、各個人名簿は日中友好協会へ送付しました。

二月二三日　井上林

（『日本と中国』一九五二年四月一日）

＊井上林氏は民主新聞社の社長。（『続・新中国に貢献した日本人たち』日本僑報社による）

送金を受けた留守家族の反応

「今度は色々お骨折り下されて誠に誠にありがたく存じました。敏雄らがどんなにしているかとただただ心配ばかり致しておりましたが、おはがき頂きまして安心しました。昨年以来文通も出来ず、どうぞ生きていてくれ神仏にたのんでおりました。私も今年七十才になりましたので淋しく敏雄らの帰りを待ちおります」（稲取町　植あい）

「お手紙有難く拝見致しました。倅清輝も中国にご厄介になり御厚遇に預かり居ります由、本当に感謝いたします。また今回中国政府のご厚情により困苦欠乏に泣いております私どもにご送金下さいました由、厚く厚く御礼申し上げます。現在私どもは六十二才と五十才の夫婦に十三才と十才の男の子四人暮らしで、栄養失調に苦労し、現在私は労働も出来ず、暗い生活に追われていましたので、この度のご送金は誠に有り難うございました。天にも昇る思いが致しました」（三月十九日鹿児島県　堀切清次郎）

「今回の送金は両親と離れて帰国苦学しておる小生にとってはもちろん、残留している家族にとっても大きな歓びであり、在華残留邦人並びにその家族にとり非常な希望であると存じます。ここに併せてこの運びに到るまで多くの困難を克服して協力して下さった貴協会並びに諸団体に対し厚く御礼を申し上げます。（以下省略）」（京

都・初音中学校　田中欣二）

「何時もご親切なご協力有り難うございます。一時は何のお便りもなくたいへん困っておりましたが、御陰様にてお便りが頂けるようになりました。今度また、こんなうれしいお便りをいただき親子ともに喜びおります。どうか今後ともご協力お願い申し上げます」（京都・鴨川母子寮　市川志げ子）

（『日本と中国』一九五二年四月一日）

「この度は思いもかけず本当に夢にも思われませんでした。御協会からのお通知を頂戴し唯々有難く厚くお礼申し上げます。この感謝の気持ちをどう申し上げお伝え申すことができるか苦しんでいます。

……一日一日を、生か死か迷いつつ四人手を取り合ったことでございます。はからずも御協会から御通知を頂戴し学校から帰った子供たち母親に見せたこともない涙を出して喜び、私をはげましてくれました。それは強い、これ以上ない力強い涙でございました。喜び勇んで明日から学校へ行く子供たちを見て、また涙にくれる私でございました。

早くから毎日欲しがっていた、うさぎ、にわとりを買うことに相談し、学校から帰り、早速兄弟で飛ぶように出かけました。にわとりも少し経ちませんと育ちませんそうで、うさぎを抱えて帰って参りました。子供の日課に意義あることと考えたただ感謝いたしております。

早く子供が大きくなったらとそれのみ楽しみに暮らしている親子でございます。どうぞこの感謝の気持ちを御協会の方々にお伝え申し上げたく、乱筆ながらお礼申し上げさせていただきます。失礼のところ何卒おゆるしおき下さいませ」

（『日本と中国』一九五二年五月一五日）

一九五二年六月、日中友好協会はこれまで送金を受けた約千二百世帯の家族たちに呼びかけて、「家族との懇親会」を開いて、送金取扱いの事情と、帰還問題について相談し、「在華邦人家族会」が結成された。

（小澤正元著『内山完造伝』番長書房、一九七二年）

『民主新聞』

少し『民主新聞』について紹介しよう。交渉団の相手となる中国側代表の一人となる趙安博氏の文章が残されている。

中国側の団長となる廖承志氏の信任が厚かった、趙安博氏の追悼文「親愛な友人菅沼不二男さんを偲ぶ」が日中旅行社の菅沼不二男社長の遺稿集『叢中笑』に載っていた。菅沼氏は『民主新聞』の発行にかかわっていた。在留邦人の分布や菅沼社長、その人となりを少しでもわかってもらうため、一部を紹介しよう。

――菅沼不二男氏は、私が東北で最初に知り合い、最もよく接触した日本の友人のひとりです。

初対面はチチハルでしたが、一九四七年だったか一九四八年だったかは、よくおぼえていません。当時、抗日根拠地や瀋陽からわれわれとともにチチハルに移動した日本の友人が日本語の『民主新聞』をガリ版で発行していました。私はチチハル市党委員から頼まれて、そのお世話をしていたのですが、人手は足りないので、菅沼夫妻を迎えることにしたのです。

一九四八年八月、私は東北人民政府の指示で日本の居留民関係の仕事に携わるようになり、民主新聞社の日本人とともにハルピンの馬家溝に移りました。ところが、二ヶ月もたたぬうちに、有名な遼瀋戦役で瀋陽が解放されたので、われわれはまた瀋陽の民主路の付近に移り住みました。それ以来、一緒に仕事や世間話をする機会がますます多くなったわけです。

菅沼さんは私よりも年長で、社会知識も豊富でした。そのうえ、記者をつとめた経歴もあるので、『民主新聞』を編集してもらうには、実に都合が良かったのです。

ここで、ちょっと『民主新聞』のことを説明しておく必要があると思います。この新聞は、東北人民政府が日本の居留民のために発行したもので、その内容は国内国外の情勢、人民解放戦争の勝利、党と政府の政策などの紹介が主要なものでした。週刊紙で、発行部数の多いときには七千部から八千部にも達していたようです。最初は東北地方に発行されていましたが、やがて解放戦争の発展に伴い、第四野戦軍に勤務していた日本の医師、看護婦、技術者が南へ進むにつれて、武漢や南寧にまで発行範囲が広がるようになりました。

よく知られているように、解放前、東北地方にいた日本人の数は何十万にものぼりましたが、日本の降伏後、ぞくぞくと帰国しました。一九四六年秋には、松花江以北の解放区からも、国民党支配区を通って、二十余万の日本人が送り返されました。その後、内戦がますます激化したため、帰国の機会が一時なくなったのです。

それより先、一九四五年、多くの日本人が人民解放軍（当時は東北民主連軍と呼ばれていた）に加わり、後方勤務の仕事にたずさわっていました。また、一部の日本人は政府機関の工場や企業に技術者、労働者として働いていました。当時、本渓湖、撫順、阜新など、東北地方のおもな炭鉱はみな国民党に支配されていましたが、鶴岡だけは解放軍の手に残っており、ここで生産された石炭によって解放軍の戦略的反攻の準備が整えられたと言われています。この鶴岡炭鉱には、日本の青年が結成した東北建設突撃隊があったのです。

解放軍や人民政府の企業で働く日本人のなかには、功績をたてて、表彰された人がたくさんいます。その後、周恩来総理は日本の友人と面会のさい、中国の解放事業に協力してくださった日本居留民のことに一再ならず言及し、「われわれはこのことから、将来、日本人民と協力できるという確信を得たのです」と語りました〈一九七六年六月二七日（ママ、一九七六年一月、周恩来総理死去）、日本三団体と会見のさいの松井松次さんのメモによる〉。菅沼さんたちの編集した『民主新聞』が日本の居留民に与えた鼓舞と激励、この役割は無視できないものがあるのではないでしょうか。

一九五三年、日本の居留民三万余が帰国してから、菅沼さんは北京の外文出版社で働くようになり、おもに『人民中国』誌が立派な雑誌として日本の皆さんに読んでいただけるのも、菅沼さんら日本の関係者の努力によるものであることは、言うまでもありません。

一九六〇年のはじめ、菅沼さんは一家をあげて故国に帰りましたが、早くも一九六四年には藤山愛一郎氏や大谷瑩潤師ら諸先輩の協力を得て日中旅行社を創立、その後、多くの旅行団を中国に送り出しました。
（松尾寛治編『叢中笑』〈菅沼不二男遺稿集〉）

高良・帆足・宮腰の三氏、モスクワを経由して北京へ

一九五二年に中華人民共和国からメッセージが届いた。「モスクワの国際会議」への誘いであった。高良とみ参議院議員、帆足計前参議院議員、宮腰喜助衆議院議員の三人は一九五二年五月、モスクワの国際会議に参加（帆足・宮腰は間に合わなかった）して、その後、北京に入った。中華人民共和国誕生後、初めての日本人の訪問である。三人は「第一次民間貿易協定」を締結し、さらに、在華日本人の引き揚げについても中国に協力を要請した。高良とみは香港で会見したとき、二五、〇〇〇人の残留を確認したことを述べている。

ところで、高良とみは旅券に関し、当初の目的がパリで開かれるユネスコ会議に出席するため取得したもので、パリで会議に出席後、デンマークを経由してモスクワ、北京に行った。いわゆる、〃横すべり〃という方法で訪中したのである。その〃横すべり〃が旅券法違反の可能性があった。一九五三年一月、在華日本人引き揚げ交渉で、再度、北京に行くため、公用旅券の発給を申請したが、外務省は旅券法違反を理

由に発行を拒否しつづけ、大きな問題となった。

一九五二年一二月三日の衆議院外務委員会で帆足計（一九五二年一〇月の衆議院議員選挙で東京都第四区から当選）は、

「これは中国人民銀行総裁で、向うの貿易促進会主席の南漢宸氏にお目にかかってお茶を飲みながら話をいたしましたときに、二万数千人であろうが、詳しいことはさらに専門の係に調べさせて御報告したい、こう申しておりました。同時に、在留しておる日本人の人たちは帰りたい人は返すようにしたいということを申しておりました」

中国で、高良とみ一行と会見した日本人

――上海電影製片廠で働いていた森川和代（当時二三歳）は、突然、人民政府から呼び出しを受ける。話しによれば、国交のない日本から日本人が訪中し、残された日本人に面会を希望しているとのことであった。

森川は、戦中、満映（株式会社満州映画協会）に勤めていた父親の「留用」により、中国に残っていた。敗戦直後の混乱の中で、元満映社員にも共産党軍からの要請があり、五十世帯、二百数十人が「留用」に応じた。森

川の父も、映画監督の内田吐夢が残るならばと、家族とともに「留用」を決めた。当初の説明では映画を作るための残留であり、応じた家族の生命と財産は保証するという条件であった。

しかし、内戦が激しさを増すと、映画を作る余裕もなく男たちは炭鉱に出されることになった。これにはそう不満も出たが、食うためには働くしか方法はなかった。女学校を卒業したばかりの森川も看護婦として「留用」され従軍したが、東北地方開放前後に病気を患い、中華人民共和国建国後、上海電影製片廠で働いていた。

呼び出しを受けた森川は、中国人の友人から借りたブラウスや革靴を身につけ、会場へと向かった。久しぶりにするオシャレだった。九年前、家族とともに満州へ渡った森川にとって、日本から来る日本人は不思議な感じがし、彼女の言葉を借りれば、「珍しいものでも見学に行く」ような気分で出かけた。

目の前に現れたのは、見たこともない服を着た三人だった。扇子をもち、薄いジョーゼットを羽織った女性と、背広を着た二人の男性。とたん緊張した。中国での暮らしぶりや帰国の意思があるかどうかを聞かれた。もちろん帰国したいと答えた。

（ＮＨＫ「留用された日本人」取材班著『留用された日本人』、日本放送出版協会）

周恩来総理、在華邦人問題で指示

中国内での在華日本人帰国に関する情報が、『永遠の隣人』に載せられていた。韓風弓矢氏の「中日友好の忘れ難い史話」という題の文章である。

――一九五二年七月、周恩来総理は北京で二回の会議を招集して、特に残留日本人問題を検討し、関係部門に対して、迅速に残留日本人の帰国援助に関する早期計画案を出すように指示した。周恩来総理の審査と決定を経て、毛沢東主席がこの計画を承認した。同時に、中国紅十字会、外交部、公安部、人事部、重工業部、衛生部、教育部、総理弁公室などの関係部門は中央残留日本人事務委員会を組織した。九月、政務院は北京で全国残留日本人帰国工作会議を招集し、各地の残留日本人の状況に関する報告を受けて、毛沢東主席、周恩来総理の指示と精神に基づき、「中共中央の中国残留日本人問題の処理に関する決定」「政務院の残留日本人における若干の問題に関する規定」などの文書を制定した。

（孫東民主編『永遠の隣人』日本僑報社、二〇〇二年）

また、『日本赤十字社社史稿第6巻』にも、「中国紅十字会新聞表」を引用して、

——中国政府は、一九五二年七月、毛沢東と周恩来が主導して在華邦人帰国支援計画を策定し、これに関係する中国紅十字会、外交部、公安部及び衛生部などにより中央日僑事務委員会を組織した。更に同年九月には、周恩来の指示に基づいて「在華邦人問題の処理に関する中央中共の決定」及び「在華邦人処理の若干の問題に関する政務院の規定」が採択され、在華邦人一般の帰国希望者に対する帰国支援事業が開始されたのである。

（「中国紅十字会新聞表」）

この記事で、中国ではかなり早い段階で、在華日本人について会議を開き、討議、研究されていたことが判る。準備を終えた後、一二月一日の北京放送となったようだ。

上記、記事を裏付けるような引き揚げ者の証言がある。大澄国一氏がインターネットに「八路空軍従軍記」を載せている。大澄氏は、敗戦後、八路軍に請われて空軍の教官になった方である。

——一九五二年一〇月、訓練終了と同時に各部署の日本人工作者は職場を離れ、牡丹江に集結した。この日を以て、第7航校の全ての工作は中国側に移り、我々日本人の参軍以来の任務は終了したことになる。

この時期の日本政府の動き

さて、民間団体がそれぞれのパイプを利用して、在留邦人の帰国を中国側に要請していた頃の日本政府の動きを追ってみよう。一九五〇年五月二日、政府は「引揚問題に対する国会の決議（国連へ提訴する）」を採択し、そして一九五一年九月八日のサンフランシスコ講和条約の調印。翌年四月二八日の条約発効にともないGHQからの日本政府宛覚書「引揚に関する基本的指令」が失効するため、海外からの邦人引き揚げは、日本政府の自主的事業となった。政府はこれに先立ち、集団引揚受け入れに関する法整備もすすめた。

引揚者を受け入れるための「輸送、受入援護等の取扱い」について、閣議決定がなされ、海上輸送、上陸地における引揚者の受け入れ態勢、国内移動などの取扱い方針を定めた。また、国会ではさかんに「引揚援護」「引揚促進の方策」について議論された。

閣議決定「海外邦人の引揚に関する件」（一九五二年三月一八日）

第一方針

従来、海外邦人（もとの軍人・軍属であった朝鮮人、台湾人及び琉球出身者を含む。）の引揚については、連合国軍最高司令官の日本政府宛覚書「引揚に関する基本的指令」に基いて処理せられてきたところであるが、この指令は、平和条約の発効に伴い失効することとなるので、政府は、これらの引揚者に関し、従前の例にならい、左の要領により、その輸送、受入援護等の取扱について万全を期することとする。

第二要領

一　海上輸送

(1) 集団引揚者の輸送は、帰還輸送船により、引揚者に対し無料で行う。
(2) 帰還輸送船の指定及び配船計画は、運輸省において行う。
(3) 外務省は、帰還輸送船に、関係政府当局より引揚者を受領せしめるに必要な権限を与えた政府職員を乗船せしめるものとする。

(4)厚生省は、帰還輸送船に医師、看護婦、(看護手)及び引揚指導官を乗船させ、且つ、引揚者に供する食糧、飲料水、医薬品、被服、日用品等の物資を積み込まなければならない。引揚指導官は船内において復員調査その他引揚業務を行う。

(5)帰還輸送船の船長は、海上輸送の途上において、引揚者に対する給食(主食は一日六〇〇グラムとする。)保健、衛生等につき万全の処置を講ずる。

(6)引揚者を受領した政府職員は、関係国政府当局に提出した引揚者受領書の写及び関係国政府当局より手交せられた文書の正本又は副本を、上陸地引揚援護機関に引き渡さなければならない。

(7)帰還輸送船に要する経費は、国庫の負担とし、別途運輸省において、関係船舶会社と契約を締結する。

(8)個別引揚については、関係国政府、日本政府在外公館等からの通報に基き、随時機宜の処置を講ずる。

二　上陸地における引揚者の受入処理

(1)検疫及び税関検査を了った引揚者は、上陸地引揚援護機関に収容する。

(2)収容中の引揚者に対しては、できうる限り手厚く取り扱い、主食は一日六〇〇グラムを給する。

(3)収容中の引揚者に対しては、必要な応急医療を行う外、保健及び衛生につき万全の処置を講ずる。

(4)上陸地引揚援護機関は、復員調査等を行った後、引揚証明書の発給、衣料、日用品その他の応急援護金品の支給を行う。

三　国内輸送

(1)上陸地引揚援護機関において受入処理を了つた引揚者の帰郷地までの日本国有鉄道による輸送（日本国有鉄道と連絡運輸を行う運輸機関にまたがる場合を含む。）は、引揚者に対し無料で行う。

(2)日本国有鉄道により引揚者を集団鉄道運輸するに当り、特に必要あるときは、同鉄道と厚生省と協議して計画輸送等所要の処置を講ずる。

(3)厚生省は、引揚者に対し、帰郷地までの車中に要する食糧を支給する。

(4)日本国有鉄道による輸送（日本国有鉄道と連絡運輸を行う運輸機関にまたがる場合を含む。）及び車中に支給する食糧に要する経費は、国庫の負担とし、輸送に要する経費については、別途厚生省において、日本国有鉄道と契約を締結する。

四　その他

厚生省は、もとの軍人・軍属であった朝鮮人、台湾人又は琉球出身者であって、海外より引揚げ、そのまま日本を経由して本籍地に帰還する者に対しては、無料で上陸港までの帰還の便宜処置を講ずる。

（厚生省編『引揚げと援護三十年の歩み』ぎょうせい、一九八八年）

第13回衆議院引揚特別委員会での説明

閣議決定後の第13回国会衆議院引揚特別委員会（一九五二年三月二六日）において、今までの流れ、今後の引き揚げ対策、及び、閣議決定の内容が説明されている。

小平久雄委員長…これより会議を開きます。

本日は海外同胞引揚に関する件について議事を進めます。海外同胞の引揚げについては、集団引揚げ中絶以来、現在まできわめて困難な情勢にあったのでありますが、講和条約発効を控えて、今後引揚げ対策には一層の完璧を期さねばならないと思います。つきましては、本日は講和発効後の引揚げ対策、特に集団引揚げ等における航海輸送につきまして、当局においては、これに関する法律案の準備等もいたしておるようでありますので、これが趣旨内容等についてまず説明を聴取いたしたいと思います。運輸省海運調整部総務課長亀山信郎君。

亀山信郎説明員…海外からの日本国民の集団引揚げ輸送のための航海命令に関する法律案は、先般の閣議で決定いたしまして、目下国会に提出の手続中でございます。明日もしくは明後日には、国会に内閣から提出されるはずになっております。この法案について簡単に御説明申し上げます。

終戦以来今日までの引揚者の海外からの引揚げ輸送は、商船管理委員会が連合国軍最高司令官の命令によって実施して参りました。商船管理委員会の以前の名称は船舶運営会でございまして、船舶運営会並びに商船管理委員会が昭和二十五年度、つまり昨年の四月までに実施いたしました引揚者の総数は、四百八十万人になっております。二十六年度に入りましては、商船管理委員会の実施いたしました集団的引揚げ輸送は一人もない状態でありました。商船管理委員会は、連合国軍最高司令官の命令によって設置せられた特別な委員会でありまして、これは本年三月三十一日までしか存続しないということになっておりまして、三月三十一日には解散をいたすことになっております。従いまして、爾後商船管理委員会の行って参りました集団的引揚げ輸送をいかにするかということにつきましては、まずこの集団的引揚げ輸送は、先般の閣議決定に基きまして、運輸省がみずから行うということに相なりまして、そのためにまず終戦以来引揚げ輸送に従事しておりました船のうち、高砂丸という一万トンの船を引揚げ輸送用ということで待機せしめるという措置を講じたわけであります。その待機するための費用といたしまして、船舶所有者に待機料を渡すことになるのでありますが、これは二十七年度予算に千五百万円計上されております。この船舶の輸送力は、一回に二千五百人ないし三千人ということになっております。それにまた必要な寝具、食器類もすべて用意をしてございます。さしあたり集団的な引揚げ輸送が開始せられるときには、この船を差向けて輸送をただちに実施し得るという態勢をとりますと同時に、この船舶だけでは不足する場合には、さらに適当な船舶を探し出しまして、運輸大臣がこれと契約をする。契約をしてさらに引揚げ輸送に従事せしめる。但しこの契約がやりにくい場合、船主がそれに応じない場合、他の輸送に従事したいなどと考えておる場合のことを考慮いたしまして、ただいま申し上げました航海命令に関する法律案を用意いたしまして、この法律によりまして強制的に引揚げ輸送に従事せしめるということを考えたわけであります。従いまして、この法律は最後の手段でございまして、今申し上げましたように、高砂丸という、すでに引揚げ輸送のために待機させてある船でまずやる。それで足りない場合は契約でやる。契約でやることができなかった場合に、初めてこの法律を使う。こういう措置で万全を期したいと思っておる次第であります。法律の内容は、従いまして非常に簡単でございまして、法律としましては四箇条になっております。第一条は、今言いました強制的な配船命令の権限を運輸大臣に付与する。もちろん、これはむやみに発動できないのでございまして、当然法律の中で、契約によって当該航海を行うことが困難である場合に、この命令を発動する。この命令の中には、引揚者を輸送するに足るだけの適当な施設をしろという施設の命令も包含されておるわけであります。第二条におきまして、この命令によって損失を受けた場合には、それを補償する。船舶運航業者または船舶所有者に補償するという規定であります。第三条は、この命令に従わなかった場合の罰則を規定しておるわけであります。第四条はこの罰則に関連いたしまして、法人に対する罰を規定しております。法律といたしましては、以上の三箇条であります。なおただいま申し上げました高砂丸に対する予算措置は、二十七年度予算に千五百万円計上してございまして、それ以上に契約もしくは命令によって輸送する費用は、予備金から支出せられることになっております。

若林義孝委員：未復員者の引揚げ促進に関しまして、講和独立後は、自主的にわが日本政府としても、この引揚げ促進の方策を講ずることができる段階にあるのでありまして、その具体案をどういうようにせられるか。

上田常光（外務省アジア局第五課長）説明員…きょう政務次官がここに御出席になりませんので、私から実は申し上げる問題じゃないと思いますけれども、私の承知しております限りについて御説明申し上げます。この問題につきましては、外務省におきましてももちろん十分に考えておるのでございますが、一言にして申し上げますと、講和が発効したからといって、すぐに特効薬的に未帰還者が帰れるような策がなかなか見つからないのであります。これはもう皆さんがかえってよく御承知のことと存じます。そこで結局講和発効後の大きなラインと申しますと、従来やっておりました国際連合とか、あるいは国際赤十字のような、ああいう国際機関を通じるのと、もう一つは中共もしくはソ連と関係のある第三国を通じてやる、そのラインを通ずる以外には、一応手がないということは同じでありますが、ただ違うところは、従来それがとかく占領下にありましたためにやりにくかった面も、自由にもっと積極的に、その面で活躍できると申しますか、一層の努力を尽くすことができるというところが、違うことになるのじゃないかと思うのです。中共及びソ連におりますものの引揚げ促進に関しますもっと根本的な政策の問題につきましては、これは内閣、最高幹部でおきめになる根本的外交方針とも関連しておりますので、現在の私どもが事務的に考えられます案といたしましては、今申し上げましたようなラインで、ただ一層自由に、もっと積極的にできるというところだけじゃないかと思っております。

若林義孝委員…この点に関しまして、私から数回前のときにお願いをいたしておいたのでありますが、具体的にはすぐ案が立ちにくいだろうと思いますけれども、早急に外務省の引揚げに関することを所管せられておりますところが中心になっていただきまして、各留守家族なり、それに熱意を持っております各種団体があると思うのでございますが、そういう人たちの意見を聞くと同時に、また協力を求められるようにしていただいて、衆知を集めて促進する。役所だけで気をもまずに、みんなが打って一丸となってその方策を講ずるという方途を講じていただいて、外務省と民間と一体となって、この問題を推進して行くというかっこうをとる中心になっていただきたい、こう思うのであります。

それからこれに関連する事項でありますが、中共の残留者と申しますか、引きとめられております人たちのその後の最近の状況、それから引揚げ可能の状況などについて、承ることがございましたら、ひとつ承りたいと思います。

上田常光説明員…先ほどの御意見、十分拝承いたしまして、そのようにいたします。

最近の中共地区に残留しております方々の状況でありますが、これは御承知の通りに、私の方で、中共残留者から留守家族にあてられます通信がございますが、その通信の写しをいろいろ出していただきまして、拝見いたしておるわけであります。それなどによりますと、最近は、引揚げという面から申しますと、あまり好ましくないような方向に行っているのじゃないかと思います。と申しますのは、一言にして申しますと、このごろの中共政府の残留日本人に対して申しております考え方というのは、要するに日本が解放されたらお前たちは帰すと、そういうラインに立っておるのです。そうして、むしろお前たちはここに残っていて、日本の解放に努力しなければいかぬ、そして解放したあかつきに帰るのだというラインが、相当強く、最近の留守家族あての手紙を見ましても、現われております。この解放という意味は、もちろん御存じの通りな意味でございますから、そこでそういうラインを見て参りますと、この問題はそう簡単には解決しにくいんじゃないかと思っております。最近までと申しますか、昨年終りごろからぼつぼつ帰って参られました方々は、ほとんどみな病人ですとか、もしくはほとんど使い道がない——と申しては失礼ですけれども、少なくとも中共政府としては使い道のない方が、しかもこれも割合にこっそり帰って来られるようであります。帰還促進運動などということを口にすることすら、反動と言われて、生命の危険さえ感じるようなぐあいでありますから、残留者はほとんどそういうことも口にできませんし、帰る人は、こっそり何らかの方法で許可を願い出て、そして許可をもらって帰って来るのですが、それは今申し上げましたように、ほとんど大部分が病人か、老齢で、もう中共としては一応利用価値がないと思われるような人で、それ以外は帰って来ておらないのであります。

第13回衆議院引揚特別委員会（一九五二年四月二三日）の質疑において、

小平久雄委員長…政府当局より、平和条約発効後に対する引揚げ対策について説明を聴取することにいたします。外務政務次官石原幹市郎君。

石原幹市郎外務政務次官…講和発効を控えまして、国民あげて慶祝の気分にありまする際に、その半面、終戦以来七年にわたりまして、まだ内地に帰り得ざる多数の同胞があり、その留守家族があるということは、まことにお気の毒に存じ、遺憾千万に思っておるところでございます。ややともすれば、講和発効後の引揚げ問題につきましては、政府を初め、外務当局もすこぶる冷淡なような感じを持っておられる方が多いように思うのでありますが、政府といたしましては、この問題を決してないがしろにし、冷淡であるというようなことは断じてないのでございまして、御承知のごとく、ソ連あるいは中共に関しまする旅行者等に対しまして、政府といたしまして旅券の発給をも拒んでおります一つの事由といたしましては、いまだ帰らざる多数の抑留者を向うに残しまして、そうしてそれらの人に対する何らの情報をも提供しないこれらの国々に対しましては、たといいかなる催しがあり、その招きを受けましても、そういう国々に行くべきではない。まず引揚げ問題、抑留者の問題を解決してから、これらの国々との交渉を始めねばならぬという意気込みをもってやっておりますことは、御案内の通りであろうと思います。ただ、ソ連及び中共とは講和条約が結ばれてないのでありますから、講和発効後においても、両国と直接折衝を行いますということは、今後といえどもできないのでございまして、両国と国交関係を持っております第三国を通じまして、わが在外公館並びにその第三国を通じまして、この問題のあっせん進展をはかって行く、これをまず強力に進めたい、こういうことを考えておるのでございます。それらの国々に対しましても、わが方の在外公館、近く大公使等も派遣されることになりますので、その大公使を通じまして、さらにいろいろな資料なり、実情を訴えることができますので、従来よりは、これらの問題の折衝がよほど自由になって参るかと思うのでございます。実は昨日の委員会でも、庄司委員からインドのネール女史に関する問題もございました。昨日さっそく幹部会にはかりまして、実はインドの在外事務所に河崎参事官が本日出発いたしますので、ただちに河崎参事官にいろいろの資料を託し、こちらの模様をネール女史の方にも伝えてもらうように手配をいたしたような次第でございまして、今後こういう問題につきまして、第三国を通じての活発なるあっせんの依頼を続けて行きたいと思っておるのでございます。

第13回衆議院引揚特別委員会（一九五二年五月二七日）において、

小平久雄委員長…これより会議を開きます。

本日は海外同胞引揚に関する件並びに引揚援護に関する行政機構の改革について、関係当局より説明を聴取いたしたいと存じます。

まず海外同胞引揚に関する件について、岡崎外務大臣より今後の方針、対策等につき説明を聴取いたしたいと思います。岡崎外務大臣。

岡崎外務大臣…この問題については、政府としてはずっと前からいろいろ研究をいたしておりまして、何とか早く目鼻をつけたいという考えで来ておったのでありますが、御承知のような事情で、今日まではかばかしい解決の方法もないわけであります。しかし決して望みを捨てておるわけではないし、また現にソ連地区、中共地区に未帰還者が生存しておることも一部は確認されておりますし、また確認されていない分についても、確かにその地方に連れて行かれたことは、ほとんど間違いないと思うのでありますが、その後の模様がわからないという実情であります。今までも、国連の特別委員会はもちろんのこと、国内の輿論が各国に反映もいたしておりますし、またたとえばローマ法王庁、あるいは国際赤十字というような中立的な機関を通じましてそれぞれ各関係方面に働きかけてもらってもおるわけであります。またインドのごときは、場合によったら、中共地区の一部の人についてだけでも、何とか日本に帰還できるような話合いをしてみたいという考えの人もあるようでありまして、いろいろの方法、いろいろの径路を通じて努力をいたそうと考えて来ておるわけであります。これについては、当委員会の諸君に何か名案がありますれば、その御意見も聞きまして、できるだけ効果のある手を打ちたいと考えておる次第であります。政府も、はなはだこういう事態は残念に思っておるのでありますが、しかしながら現実の状況は、どうしてもはかばかしく行かないというので、困っておるような次第でありまして、今後とも御意見を拝聴しつつ、できるだけ善処をいたしたい、こういうつもりでおります。

第三章　代表団の派遣に向けて

中国から吉報が入る

一九五二年一二月一日、突然、北京放送は、新華社記者の質問に中国政府幹部が答えるかたちで、重大なニュースを伝えてきた。（北京一日発新華社＝ＡＮＳ）

問―現在中国に在留している日本人はどの位いるか？

答―合計三万人前後だ。

問―彼らは中国でどういう状態にあるか？

答―日本軍国主義政府は過去において、八年にわたる対華侵略を行い、わが国人民に対し忘れがたい大きな罪を犯した。しかし、わが国の人民は、日本軍国主義者がかつてわれわれの仇敵であったと同様に将来もそうであるが、日本人民はわれわれの友人であることを明確に知っている。そしてわが国人民は法を守る在華日本人に対しては友好的な態度をとっている。彼らは他の在留外人と同様にわが人民政府の保護を受けている。わが公私営企業の中で働いている日本人従業員は、さらにわが国の労働法令の保護と労働保険の待遇をも受けている。彼らの生活は日に日に裕福となり、最近数ヶ月来在留日本人が、その日本にいる家族の扶養費として多額の金を送っていることが、その証拠の一つだ。

問―在留日本人のほかに、まだどのような日本人がわが国にとどまっているか？

答―在留民のほかに、まだ少数の日本人戦犯がいる。これらの戦犯のあるものは、侵略戦争でわが国人民に対し、血なまぐさい罪悪を犯した。またあるものは日本軍の降伏後、蒋介石、閻錫山軍に参加し、わが国人民の敵となったものである。これらの戦犯は現在抑留され裁判を待っている。日本人捕虜については蒋、閻軍によって抑留されているもののほかは、早くも中華人民共和国の成立前に送還を終わっている。

問―帰国を希望する在留日本人に対しては、政府はどんな方針をとっているか？

答―わが国の政府は従来から帰国を希望する在留日本人が日本に帰ることを喜んで援助してきた。事実中華人民共和国の成立以来、少なからざる在留日本人が帰国している。

ところが後になって、この方面への船舶の欠乏によって困難にぶつかり、そのため、多数の帰国を希望する在留日本人が現在もまだその希望に達せずにいる。

問—今後、もし在留日本人が帰国を希望するなら、政府はどんな措置をとってこれをたすけるのであるか？
答—日本側で船の問題を解決できさえすれば、わが国の政府と人民は、在留日本人の帰国を援助するよう努力したい。
すべての帰国を希望する在留日本人は、一般在留外国人の出国手続きに従って出国を申請し、中国政府の一定の機関から証明の発行を受ければすぐに出国できる。
問—船を中国に回す手続きおよび在留日本人の帰国に関する具体的問題は、どうすればよいか？
答—日本側の機関または人民団体から人を派遣し、わが国の赤十字社と具体的に協議して解決すればよい。
（『日本と中国』一九五二年一二月一〇日）

民間団体の反応

この放送を受け、日本の民間団体はそれぞれ反応した。日本赤十字社、日中友好協会、アジア・太平洋地域日本平和連絡会などの動きを追ってみよう。

——このニュースは、赤十字はもちろん肉親や全国民にとっても大きな朗報であった。そこで、日本赤十字社では早速会議を開き、その日の午後中国紅十字会李徳全会長あて、つぎのような電報を打ち、いつでも代表を送る用意がある旨を伝えた。

中国紅十字会会長李徳全女史宛

「中国政府及び人民は在華日本人の日本帰国を援助する意向を有し、帰国及び船便に関する詳細協議のため日本側の適当なる機関が中国赤十字社と協議するため代表者を派遣することができる旨の一二月一日付北京放送正に了知せり、引き揚げ船は中国官憲の指定する港に派遣の用意あり、また本社は代表者を適当なる地に送りたし。本件協議の必要条件を至急通報相成度」

（『日本赤十字社社史稿第6巻』日本赤十字社）

――この報道から在華邦人の帰国問題が急速に進むものと期待されるが、これについて協会では即日つぎの電文を中国の紅十字総会あてに打電した。

十二月一日新華社放送による在華邦人の問題にたいする貴国の極めて友好的な態度に深甚の感謝の意を表します。

わが日本中国友好協会は日本国民各界各層と協力して、速やかにこの問題について代表派遣その他の準備を進めます。

日本中国友好協会

紅十字総会
李徳全先生

（『日本と中国』一九五二年一二月一〇日）

――この放送は、家族の帰国を待ちわびる何十万の留守家族にとっては一大朗報であり、日本政府にとってもよろこぶべき衝撃であった。日赤は、自らが放送の中の日本側の適当な機関と信じ、さっそく中国紅十字会に電報を打った。アジア・太平洋地域日本平和連絡会も、日中友好協会も人民団体として代表派遣の用意があるむね打電した。有田八郎氏が会長をする在外同胞帰国促進全国協議会もおそらく電報を打ったと思う。

（畑中政春著『平和の論理と統一戦線』太平出版社、一九七七年）

また、上記三団体以外に、高良とみ参議院議員が中国紅十字会に打電していた。

しかし、国交が正常化されていない状況の中、代表に指名された日本赤十字社・日中友好協会・日本平和連絡会の三団体と高良とみは多くの難問を解決しなければならなかった。当然、三万人を輸送する船舶の問題を始め、引き揚げ者の就職、家族・親族の行方、家を失ったものには、新たな住居の手配、日本政府の協力を無くして解決できない。しかし、中国紅十字会は中華人民共和国に敵視政策をとる日本政府を交渉の場に参加させることを拒んだ。

一二月三日、衆議院「外務委員会」

帆足計委員…ちょっと一言お尋ねいたしますが、中国から在留民が引揚げ可能であるという、昨日新華社の電報が参っておるようであります。私は過日北京に参りまして、実は多くの在留日本人に会いまして、そうしてその正確な報道を皆様のお耳に伝えたいと存じておりましたが、そういう機会がありませんで、新聞に伝えられておりますのは——、御承知のように新聞というのは、うそが五〇％、ほんとうが五〇％というのが相場でございますので、正確な報道が一般に伝えられておりませんことを、非常に遺憾としておる次第でございます。ところが向うにおります者が、三万人見当で、今般引揚げが可能であるという朗報に接しましたので、大いに喜んでおる次第でありますが、それにつきましてお尋ねをいたしたいのでございます。

先方におります邦人の生活は、そう悪い生活をいたしておりません。このことは先方から来ております手紙でも明らかでありますし、私どもも現地で見て参りましたが、とにかく多くの日本人は、帰心矢のごとく帰りたいというのに、いろいろな事情で帰れない人もおるし、それからあのまま向うにいたいという人もおるし、また帰ったり行ったりしたいという人もあります。墓参に帰ったり、嫁もらいに帰ったり、また日本におる女房を逆に今度は中国に連れて行きたいという人もおりますし、いろいろさまざまでありますけれども、帰心矢のごとく帰りたいという人が多数おることは、自明のことでございます。これが新聞に誤り伝えられまして、中国における在留邦人が全部帰りたくないと言っているかのごとく伝えられております点は、すでに朝日新聞その他の投書欄で、私どもは修正いたしてありますけれども、多くの人たちの耳に達する機会がなかったことをまことに遺憾に存じておりましたところが、今般そういうことが可能になりました。

そこで結論だけお尋ねいたしたいのでありますが、第一には、中国側は、私が参りましたときにも、公正合理の立場で、すべて交渉してもらいたいということを申しておりました。そしてそのときは二万数千人見当であろう――これは中国人民銀行総裁で、向うの貿易促進会主席の南漢宸氏にお目にかかってお茶を飲みながら話をいたしましたときに、二万数千人であろうが、詳しいことはさらに専門の係に調べさせて御報告したい。こう申しておりました。同時に、在留しておる日本人の人たちは帰りたい人は返すようにしたいということを申しておりました。日本に帰りましても、私は、それは中国本土ではそういうことは可能であるけれども、満州すなわち東北地方では留用という制度があって、正式の外交交渉が多少進まない限りは、むずかしい事情があるということを日中友好協会で聞いたわけでございます。

ところが留用になっておる人の中でも、非常に身体が悪いとか、留守家族が非常に切望しておるとかいうようなことで、例外的に最近帰国が許されております。しかし例外的だけでは困りますので、帰りたい人はやはり帰ることが当然でありますから、これはぜひ中国当局に要望せねばならぬと存じて、私個人といたしましても、南漢宸氏あてに手紙を出しまして、あなたは二万数千人の方は、どうしても帰りたい人は返すとおっしゃっていたけれども、留用という制度があって、むずかしいように聞いておる。この問題についての過表（ママ）のいきさつや、またわれわれの誤解があれば正すし、公正合理の見地からわれわれが要望すべき点があれば要望せねばならぬが、どうであろうかと問い合せましたところが、それはそれぞれ専門の部局と相談して、いずれ御返信を差上げますという書信を先般受取ったのでございます。

そういういきさつもありまして、結局今般の先方の申出を、新聞記事でニュースのままを見ますと、日本から適当な人が向うに折衝に来ることを希望しておるということを書いております。この問題につきまして中国側は常に公正合理ということを言っておりまして、この問題を政治的に利用したり、または極端な保守思想を持っておる方々が参ったのでは、円滑を欠くわけでありまして、国内においても、あの人は公正合理だ、たとえば私どもの常識でいえば前東大学長南原さんのようなタイプの人、ああいう人はとにかくうそを言わないし、政治に使わないし、そういう公正合理だというような人と話をし合うことを希望しておりますし、また留守家族のほんとうの代表――政治的に動いたり何かせずに、ほんとうに公正合理の見地から、留守家族の人たちの気持を伝え得るような代表であるならば、この問題の折衝は成功すると思うのでございます。従いましてもし折衝するとしましても、私は今中国その他からきらわれておる外務省当局の一部の人たちだけでなくて、やはり国民代表と申しますか、公正合理な代表たちと相談してこれを解決することが必要であると存じますが、政府当局は旅券法並びに憲法の規定にもかかわらず、中国、ソ連に対する旅行を禁止いたしておるような現状であります。これは重大なる法律侵犯を政府当局がやっておるのでございまして、私は政府当局を処分しようか処分しまいか慎重考慮の結果、外務省当局を処分することに決定いたしまして、裁判所に提訴をいたしておる次第でございまして、それは今審理が進んでおるような現状でございます。そこでお尋ねしたいのは、この問題の公正合理の解決のために、公正妥当な留守家族代表を北京に送ることを許可する意思があるかどうか、これが第一点でございます。

第二点は、三十六万の人たちがあちらに滞在しておるということを宣伝されて、国民はそう思っておりますけれども、最近の政府当局のお話によりますと、ソ連に一、二万、中国に五、六万というふうにも聞いておりますが、その数字を、今日でなくてけっこうですから、正確な最後の数字を知りたい。同時にその数字のよって来る科学的根拠をお尋ねしたい。この数字はしごくあいまいなものであって、中国側がいう三万の数字も信憑することができぬと、きょう局長は言うておりますが、同時に日本政府の申しておる五万何千という数字も、学術会議にかけるかどうかしなければ、はたして統計学上正確なものであるかどうかわからない。お互いに公正合理でなくてはなりません。中国側の言うことにおいて、科学的に見て間違っておる点があるならば、中国であろうと、ソ連であろうと、正々堂々と主張すべきものは主張すべきでありますけれども、同時にこちらの数字の根拠が薄弱であって科学性を欠いておるならば、こちらの数字もまた私は公正合理の見地からよく検討して行くことが、留守家族のための良心的務めであると存じます。

従いまして、この数字に対して明確な資料の御提出をお願いしたい。従来私どもが聞いておりますところによると、その数字の根拠または調査方法等は、秘密になっておるから明らかにせぬということを言われておりましたが、もはや私ども一市民としてだけでなく、国会議員としてそれを要求するわけでありますから、その数字とその根拠の正確な資料を提出願いたい。

それから第三には、今後貿易、視察または引揚問題等国家公共のために必要な用務のためであるならば、中国なりソ連なりに参ることを当然許可するのかどうか。これは実は許可事項でなくして、視察とか学問上の問題とか、または貿易上の用務で中国、ソ連に旅行を禁止されておる国は、世界中一国もありません。ホッテントットですらモスクワに行けるのでございます。しかるに日本は幕末同様の鎖国の状況に置かれておって、外務省は法を曲げて、そうして旅券法を悪用しておるような現状でございます。この問題につきましては、他日席を改めまして、私は外務大臣にお尋ねしたいと存じております。ただ問題は、今の北京の平和会議とか、その他論議の余地があると政府が称しておる会議のことは別といたしまして、貿易問題とか、視察とか、引揚問題等に対して、中国またはソ連に渡ることをとめられる、さらに行かせないような意思であるかどうか、この三点についてお尋ねいたしたいと存じます。

外務大臣がただいま出席いたされましたから、結論だけをもう一言申し上げますと、第一は北京の交渉に公正合理な留守家族代表等を渡航させる意思ありや。第二に引揚問題の数字に対して詳細な資料と科学的根拠を示していただきたい。そうして中国側の数字に欠点があるならば、堂々としてわれわれは主張しなければならぬし、日本側の数字にもまた欠点があるならばよく調べて修正することが、留守家族に対するわれわれの務めである。第三には貿易とか、視察とか、引揚問題とか、論議の余地のない問題、そしてアメリカもイギリスも許しておるような視察旅行に対して、政府はなおかつ旅券を出す意思がないのかどうか、この三点だけをお尋ねしたいと思います。

岡崎勝男外務大臣…今結論は伺いましたけれども、前提の御議論について、途中から入りまして十分まだ把握しておりませんから、とりあえずアジア局長からお答えいたさせます。

倭島英二アジア局長：一昨日の北京からの邦人の引揚げについての放送に関連しまして、留守家族等あるいは国民代表を送る意思があるかどうかということでございますが、実はこれについては目下研究中でありまして、引揚げの目的を達するのに一番いい方法をとりたいと考えております。まだ何ら決定しておりません。

第二の在留しておる同胞の数字の問題でございますが、これは従来国会においてもしばしば御要求があり、政府といたしましては、発表することが現地におられる同胞の引揚げにためになる、積極的に寄与するという範囲においては発表しておるわけでありますけれども、むしろ発表することによって引揚げ、特に現地の同胞の方々の引揚げを促進する趣旨にかなうかどうか疑わしい際においては、発表いたしておりません。これは従来発表しております数字を、また他の機会において、さらに詳しく御説明をしたいと存じます。

第三の貿易、視察その他の目的で旅券を出すかということでありますが、現在の状況におきましては、日本が立っております諸般の国際関係、それから国内の事情、相手国の事情ということを勘案しまして、従来出し得る所には出しておるわけであります。その事情いかんによっては、今後もその個々のケースに従って判断をするよりしかたがないと考えております。

派遣団体が決まる

一二月二二日、中国紅十字会から、下記の電報が入る。

「一九五二年一二月二日付の電報を受けとった。貴社のほか、他のいくつかの団体からも来電があった。この状況に鑑み当方は日本赤十字社、日本平和連絡委員会、日中友好協会が協議して、共同代表団を組織し、北京に来て、配船手続き及び日本居留民帰国の具体的諸問題を協議することが必要であると認める。代表団の組織については、代表五名、工作員二名を含むものとし、代表団渡来の期日決定に便なるよう、速やかに代表及び工作人員の名簿を当方に通告されたい」

＊上記三団体以外に高良とみ参議院議員も李徳全会長から電報を受けていた。

一二月二三日、タス通信、〝中共政府は日本政府役人の派遣も差し支えなし〟と、誤報が流れる。ＡＦＰいわく「適当な機関」ということだと訂正。午後一時、三団体、日赤に集合。島津忠承社長、伊藤副社長、外事部員と、日中友好協会の内山完造、加島敏雄、宮崎世民。平和連絡委員会から、平野義太郎、阿部行蔵、畑中政春、高良とみ議員で打ち合わせをする。内山の提案、「各団体で二名を出そう」。

日本政府の対応

一二月二三日、「衆議院引揚特別委員会」において

佐藤洋之助委員長…本日は海外同胞引揚に関する件及び遺族援護に関する件について議事を進めます。まず、海外同胞引揚げに関する件については、最近中共よりの北京放送等により、問題の早急なる打開も考えられるのでありまして、この際、政府当局より、この問題について現況を説明願いたいと思うのであります。岡崎外務大臣。

岡崎外務大臣…中共放送のことは、もう御説明するまでもなく、おわかりのことでありますが、まず政府としては、この報道が単に中共当局と新聞社との会話のような形で放送されて来ておりまして、正確な、責任ある当局の日本に対する意思表示とただちにとれない節もありますので、念のため確かめる措置を講じて来ております。それには、たとえばインドの政府に依頼して直接中共政府に確かめる方法のほかに、日本赤十字から国際赤十字を通じて中共側の状況を確かめるとか、あるいは引揚者の団体から直接に電報を打って先方の意向を確かめるとか、いろいろの措置をとって来ておりますが、その正確な結果は、まだ御報告できる段階にまで至っておりません。

一方、われわれの方では、いつ引揚げが実施されても困らないようにと思いまして、爾来ずっと準備を進めて来ておりまして、船の手当、食糧の手当、あるいは日本に上陸した場合の種々の被服その他の手当、こういうものの用意をいたしております。また宿舎の設備も考えつつありますが、これも人数がどの程度になるかによって違いますので、さしあたり従来の経験に徴して、一つの船で渡れる人の数は大体見当がつきますので、この程度ならという一応の目途をつけて準備をいたしております。

本朝の北京の放送によりますと、先方の中国の赤十字社でありますから、直接に日本の赤十字社とか、その他の団体に対して電報を打った。その電報の趣旨は、いろいろの団体合わせて五名ほどの代表と、それの付添いといいますか、工作員というような者二人くらいよこすことについての電報を打ったという放送を聞きましたが、この電報がまだ来ていないようにも思われますので、今確かめ中でありまして、要するに、できるだけ早く引揚げが行われるように、今いろいろの措置をとりつつあるところであります。

玉置信一委員…ただいま岡崎外務大臣からの御説明によりますと、わが日本の赤十字社あるいは引揚げ団体その他に、中共政府からの呼びかけがあるやにお聞きいたしたのでありますが、きょうの北京放送は別といたしまして、もし政府でなくて、そうした団体に直接呼びかけがあった場合、その団体が中共に乗り込んで行って、実情を見、引揚げに対する交渉等をすることに対して、政府はどういうような態度をとられるか、政府としての御方針をこの機会に承っておきます。

岡崎外務大臣…これは、実は変則でございまして、政府の者が行って、国民全体の利害を考えていろいろ話合いを進めるのが当然であります。また引揚げの費用は政府で負担するのでありますから、その責任者として、政府の代表が行くのが当然であります。そこでわれわれは、まず政府の代表を派遣したいと考えております。

しかし、これを非常に固執しまして、そのために引揚げが遅れたり、あるいはうまく行かないということがあっては、はなはだ本意でありませんから、原則はそうでありますが、交渉の結果、どうもそれではうまく行かないという場合には、この際原則の問題はしばらく不問にして、引揚げの時期その他実際の措置にかなうような方法をとりたいと考えております。しかし、それにしましても、引揚げの問題でありますれば、引揚げに関係の団体の代表を出すのが当然であって、それに直接関係のない団体の代表者は、政府としては好ましくないと考えております。また、そういう代表者を出すことになり、政府の代表者は行かないということになったと仮定しました場合でも、その代表者は、政府の委任を受けて、政府の要請する事項を引受けてくれる者でなければならないのでありまして、かってに自分の意向だけでいろいろのとりきめをするというのでは困る。実際の費用は、国民の税金から支出する政府の負担でありますから、国民に対する責任上も、政府としては、代表として行く人は十分政府の意向を体し、その要請を引受けて、責任を持って国全体あるいは国民全体の利益を考えて処置してくれるという保証がなければ困ると考えております。

具体的の事項は、今朝そういう放送が入ったばかりでありますから、今後十分確かめて措置したいと思っておりますが、いずれにしても、第一には、ほかの人も行くにしても、少なくとも政府の代表が行くべきが当然であると考えております。

柳田秀一委員…それならば、まず最初に外務大臣にお伺いしたいのですが、政府にはおそらく正式な通知はなかろうということならば、それぞれ日赤なり、あるいはインド政府、あるいは引揚者団体に、中国から何らかの連絡があったときをもって日本政府としても引揚げをやられるかどうか。政府が直接にそれを先頭に立っておやりになるのではなくても、引揚げの受入れをおやりになるならば、その引揚げ受入れの行動を開始される時期は、どういうときをもって目安とされますか、承りたい。

岡崎外務大臣…これは交渉だけにつきましては、今のところは電報の往復程度でありますから、大した費用もかかりません。ですから、どんどん進みますが、いつを引揚げ開始の時期ときめるということは、どういう点であるかわかりませんが、ただ実際上、かりに人を出す、あるいは船を出す、ことに船を出すということになりますれば、相当の金が必要と思います。それで政府としては、出してみれば何とかなるというようなことで出すのも、なかなかむずかしいのであります。これは国費を使うものでありますから、その前に何らかの方法で政府の者が代表して行かれれば、これに越したことはない。しからざれば、半官半民とでもいうような団体が行けるか、あるいは政府が十分信頼して交渉を託するに足ると思われる団体の代表者が行くようになりますれば、それでもって具体的な話がきまると予想しております。そういたしましたら、船を出す用意はその間にいたして、ただちにきまったように船を出したい、こういう段取りを考えております。

柳田秀一委員…先般の新華社放送によりましても、たとえば新聞記者の質問に、中国の、あれは紅十字というのですか、とにかくそれと日本の赤十字が話合いしたらよかろうということを向うは返答しています。そこで、引揚者を受入れるところの行動ではなしに、準備行動としても、ともかくそういうふうに向うが言っておるのでございまして、こちらはもっと積極的に、早く外務省の方でパスポートをお出しになるなり何なり、その予備調査なり準備行動にすぐ手を打たれるお考えはありますかどうか。とにかく現在引揚げを待っております留守家族といたしましては、りくつの問題、面子の問題、そういうことではなく、一日も早くわれわれの待っておるふるさとに帰ってくれることを遺族（ママ、家族）は心待ちに希望しておるのでありますから、そういう遺族（ママ、家族）の心を心とせられて、外務省とせられても、さっそくにそういう行動を開始されるようにお手配されていますかどうか、これに対して伺いたいと思います。

岡崎外務大臣…旅券その他の手続の問題で、一日でも引揚げの措置が遅れるようなことは決してございません。必ず間に合うようにいたします。即日にでも旅券が出せるような努力をいたします。その方面は御心配ないわけでございます。ですから、代表が行くということがきまりますれば、即刻にも海外に行くことの準備はできると考えております。

柳田秀一委員…先般の新華社放送以来、外務委員会でも明らかになりましたことは、政府は引揚げ受入れに対する船の用意、あるいは宿舎の用意等は万端の準備を整えておるというお話でありますから、厚生大臣にお尋ねするのですが、それならば、引揚げの受入れ基地はどこにされますか。

山縣厚生大臣…外務省の方でいろいろ御折衝になって、引揚げが確定いたしますれば、ただいま引揚げに対する受入れの態勢は、御承知の舞鶴の引揚援護局に一時的の設備を持っております。大体二千五百人ないし三千人収容し、一箇月の収容能力は一万人と考えております。なおそれに対して、たとえば中共から引揚げて参りますれば船舶でありますが、御承知の高砂丸を今待機させております。高砂丸は、これは積み方もありましょうけれども、大体二千五百人ないし三千人は一時に乗船可能と考えております。

なお引揚げて参って、施設に収容した場合の適当な援護物資等も今準備いたしております。なおまた、帰って来られて定着するまでの間の輸送、あるいはその間のいろいろな処置に対しましては、予算も大体本年度五千百万円ほどございます。これも御承知だと思うのですが、中共から個々的にお帰りになることを希望された方約七百何十名あったと思いますが、そのうち八十五、六名は、旅費がないのでいろいろお困りになっておる。それに対して、その予算の中から旅費をお出しして帰っていただいておる。そういうふうな関係で、集団的な引揚げが本年度少かった関係で、五千百万円のうち大体一千万円弱使っておりまして、そのあと残っております。もしもこれで足りませんときは、適当な財政措置を講じて、引揚げに対する万全の措置を講じたいと思っております。

中山マサ委員…厚生大臣にお尋ねをいたしますが、この三万人の人々が帰って参りましたときに、帰還手当をお出しになる御用意がありますでしょうか。

山縣厚生大臣…これは先ほども申しましたが、帰還手当は出したいと考えております。

中山マサ委員…出したいという希望だけでは助からないと思うのでございます。その予算措置ができておりますかどうか。

山縣厚生大臣…先ほど申し上げましたのは、定着地までは何とかして無事にお届けしたい、その意味で五千百万円の予算をとっておりますが、そのうち八百数十万円を使っておりまして、あと残っております。なおまた、相当お帰りになるようでありますれば、臨時の財政的措置を講じて、万遺憾なきを期したい、かように先ほど申し上げたわけであります。

三団体の打ち合わせ

一二月二三日午後一時～、日赤で三団体打ち合わせ。

この会議に参加した宮崎世民（宮崎滔天の甥にあたり、後に、日中友好協会の常任理事、理事長を務めた）氏の著書が残されている。

――各団体の代表が日赤本社に集まっているところに、高良参議院議員の推薦で有田八郎氏が現れた。彼は入って来るなり、出席者の顔ぶれを見渡して口を切った。「この会議は団員だけの会議にすべきで、それ以外のものは退席してもらおう」。宮崎世民は、有田氏のあまりにも傲慢な言い方に、「お前さんは誰だ。自分が誰なのか名乗りもせず、この会議がどういう経緯で開かれているかも弁えず、失礼なことを言うな。これは団を編成する母体である三団体の代表者会議で、われわれは当家のご主人島津日赤社長の招請で来ているのだぞ！」と怒鳴り返した。やがて有田八郎氏が退席すると、内山さんは、「あれは精神分裂だ」と……。

（宮崎世民著『宮崎世民回想録』青年出版社、一九八四年）

一二月二四日午後一時〜午後一〇時半、日赤で三団体打ち合わせ。

高良とみ参議院議員から、「現在の三団体では、日本国民を代表するにはあまりにも幅が狭い。有田さんの援護会を加えてはどうか？」と言った。みんながこれに反対すると、「では有田さんひとりを入れるわけにはいかないか？」とさらにねばるので、「では前外務大臣とか在支同胞援護会などの肩書きをつけないなら、考えてもよい」と妥協案を出すと、またもや、でも「島津さんは日赤社長の肩書きつきではないか」とくいさがる。そこで、島津忠承日赤社長が、「わたしも肩書きなしで結構です」ということで、結局、肩書きなしの有田八郎氏を加えた団員名簿を、中国に打電した。

（宮崎世民著『宮崎世民回想録』青年出版社）

――一二月二二日の貴電に関し、三団体協議の結果、下記代表八名をもって代表団を組織した。日赤社長島津忠承、同外事部長工藤忠夫、日中友好協会理事長内山完造、同常任理事加島敏雄、日本平和連絡会委員平野義太郎、同事務局長畑中政春、在外同胞帰還促進全国協議会会長有田八郎、参議院議員高良とみ、右了承を乞う。工作員については追って通報すべし。

一九五二年一二月二五日

三団体連絡事務局

また、一二月二四日の協議の結果、次の事を決定。

(一) 本問題を処理する態度

a、本問題については円滑かつ迅速なる解決をするため全力をそそぐ。

b、在華邦人及び留守家族の立場を尊重する。

c、中国側の意見を尊重する。

(二) 代表問題について

a、三団体が連合代表団を組織する。

b、代表六名として各団体はそれぞれ責任者を推薦し、一二月二五日午後二時までに持ち寄り協議する。

c、工作人員については代表団編成後定める。

（三）　本問題の解決については日本政府の協力を要望する。

（『高良とみの生と著作〈第6巻〉』）

一二月二六日、「衆議院引揚特別委員会」

飯塚定輔委員…外務大臣の時間があまりないようですから、きわめて簡単にお願いいたします。これは、特に昨日、一昨日あたりからの新聞等において、クリスマスのプレゼントとして中共からの引揚げに関する問題が取上げられておりますが、あれに対する外務当局としての御意見をお聞きしたい。

岡崎外務大臣…あれに対して一般的にどういう点を申し上げていいのかわかりませんが、要するに、とにかく、おそしといえども引揚げができるということになることは、非常にけっこうだと思ってあらゆる努力をいたすつもりでおります。本会議でも答弁いたしましたように、船とか、その他の引揚げに要する準備は一応整っております。また帰って来た人の援護というようなことも、これもやっております。要するに順序は、従来ソ連地区あるいは中共地区から引揚げました場合は、あらかじめ交渉というよりも、いつ幾日に船をよこせ、そうすれば、これだけの人間が引揚げられるということで、船を出しておったのであります。今度はその前に日本側の代表者と交渉をして、それから話がまとまったところで船を出すという順序に行くのじゃないかと思われるのでありますが、これはまだはっきりしたことはわからないのであります。

そこで政府としては、その代表者の問題につきましては、前にも申した通り、これは国費として国民の税金をもって支弁するものでありますから、政府の責任ある人間が行って、そうして船は幾日滞在するとか、食糧はどう持って来るとか、ルートはどうするとか、船の安全はどう考えるかというようなことをきめるのが正当であって、政府に関係のない者が行ってきめたところで、また政府の承認を得なければならぬということになるわけでありますから、本来から言えば、政府の代表が行くべきである。またかりに政府以外の代表が行くにしても、従来引揚げに非常に努力しておる、また残っておる家族のめんどうを見ておる、そういう団体の代表者が行くべきものであって、今まで引揚げに何も関係をしていないような団体の代表者が行くべきものでないと考えておる。ものの順序はそうなるのであります。

しかしながら、とにかく先方にたくさんの人がおりまして、それを引揚げるというのが問題の焦点でありますから、順序はそうでありますけれども、もしそれを主張するあまりに引揚げが遅れるということになりましても、これは家族としてもはなはだ本意でないと思いまするから、はっきり向うの意向がわかりまして、その間にわれわれとしても引揚げのためにはあらゆる点で譲歩をいたして、問題を解決ができるような方向に進みたい、こうは思っておりますが、ものの順序としてはそういうわけでありまするから、先般、二十三日でありまするが、その趣旨のことを発表いたしまして、ラジオでも中共向けに放送いたしました。

なお国会方面で、これには国会の代表は国民代表として最もふさわしいものだから、これを加えたらどうかという意見がありました。それもまことにごもっともな話でありますから、衆議院議長がこれは議長としてではありませんが、引揚げ促進本部の会長として、中共の赤十字に昨日電報を打たれたはずであります。われわれの方でも、その趣旨で、もう一ぺん繰返して今までの放送を行い、さらにそのあとに、国会の代表者が行くのも適当と思うから、この点も考慮してもらいたいという要請を放送でいたすことにいたしております。

もし先方のそれに対する意思表示がありまして結局代表としてはこれこれの人ということがきまりますれば、旅券はすみやかに発給して、行ってもらいたい。しかし、もしかりに、そのときに船を出してすぐ引揚げを実行できるということになれば、代表が先に行くんじゃなくて、船の中へ乗って行って向うと話をする、これならお手っ取り早く行くと思っておりますが、まだ、引揚げの手続として、そういう点がどうなるのかということ、あるいは船はどこへ持って行くかとか、一回の引揚げの人数は何人であるか、それに対してはどういう種類の被服、食糧等が必要であるかというような、普通に行われるこまかい手続の方は一向はっきりしておりません。そこで、そういう引揚げの場所、日時、人数その他の手続きについても、早く先方の意思表示を促しているような次第であります。

飯塚定輔委員…今の外務大臣のお話を伺って、私は、安心したと申しますか、それを促進してもらいたいと思います。私は、事務的なこと、あるいは手続上の問題をお伺いしようとしたのではなくて、心構えをお伺いしたのでありますから、今大臣のお話のように、行きがかりとか感情とか、そういうことによって引揚げの遅れることのないように、促進せられるようにお願いいたします。

一二月三〇日、外務省アジア局で会議。島津、平野、畑中、加島、桜井、有田、高良、鈴木第五課長および課員が集まり協議。

一、本日の打合せにより具体的に厚生省、運輸省に連絡する。
二、明日閣議で政府態度決り、各省が動き出す。
三、アジア第五課としては、大臣、次官から出来る限り代表団に協力せよと言明あった。
四、工作員は専門的アドヴァイスする人と考えてよいか？　人数？
五、(1)中国語通訳一名、(2)会計、(3)引揚関係、(4)運輸および総務
六、三〇日の朝日の援護方針記事は大体真相。
七、船舶は具体的出航数、水、食料。
八、経費は外務省にある外国会議費を支出。往復旅費、滞在費、電報料、秘書費、国内連絡事務局費。
九、旅券は公用旅券を全員に出す。
一〇、ルート、飛行機（香港―広東、重慶―北京）。（船）
一一、奥地からの費用を政府へ要望。乗船地の滞在費、借金の支払いは。持ち帰り金の許可（香港ドル三〇、金、荷物は一トン、ダイヤ一カラット）、退職金一時払い。
一二、日赤（社長と副社長）団長になりたい？　加島、畑中、平野。政府費用による。日赤留守事務所にする。

（『高良とみの生と著作〈第6巻〉』）

一二月三一日午後二時二〇分開会、於日赤本社。一〇人傍聴家族。出席は島津、伊藤、有田、高良、平野、畑中、阿部、加島、宮崎、小沢。

在華同胞帰国（打ち合わせ代表団派遣）協議会。

一、（三者会談でない。四団体だ）

二、国会の意向報告（高良氏から）

衆議院（議長、議運理事会六名）

参議院（議長、議運理事会九名）

（『高良とみの生と著作〈第6巻〉』）

十二月二十五日に、日本衆議院議長大野伴睦の名によりまして、中国紅十字会会長李徳全女史に電報を送りました。その電文を御披露申し上げます。

「中国よりの日本人引揚げは国民各層をあげての重大関心事であるのにかんがみ、各派からの要望により、国会議員各派の代表六名を日赤以下御指定団体代表に同行せしめたく、貴会会長の特別の御配意を得たい。至急御返事を御願いする」

――一二月二六日、衆議院引揚特別委員会において佐藤洋之助委員の弁より同様に参議院からも議員の派遣を中国側に要望したようである。

派遣メンバーが決まる

一九五三年一月七日、中国紅十字会から返電。

「一九五二年一二月二六日の貴電受領した。中国紅十字会は島津忠承、工藤忠夫、内山完造、加島敏雄、平野義太郎、畑中政春、高良とみ七先生が貴方代表団を組織することに同意する。その他の人員については同意しがたい」

岡崎外相、高良とみへの旅券交付拒否

一月八日、政府は六代表には旅券は認めるが、高良に対しては旅券法違反を理由に、発給を拒否する方針を決めた。五二年の、例のモスクワ―北京訪問に対するハラいせである。高良らの吉田体制への挑戦を、よほどハラに据えかねていたことがよく分かる。人道主義の立場から取り組まれ、動き始めた邦人の引き揚げ問題は、政府

の意趣返しによって、予期せぬ波乱を喚び起こしたのである。岡崎勝男外相は、「われわれは高良女史に対して旅券を出したくない。女史は旅券法を一度犯しているからだ。女史に旅券が与えられないで他の六代表だけが北京に行った場合、中共政府は高良女史が代表団にいないとの理由で、この代表団と引き揚げの交渉を行うことを拒むことはあるまいと思う。というのは、中国赤十字社は日本の三団体に対して招請を行い、その人選は日本側に任せている。おして高良女史はそのいずれにも所属していないのだから……」

（古川万太郎著『日中戦後関係史』原書房）

外務事務次官、「高良、代表を辞退」と発表

さらに高良にたいして、奥村外務事務次官が八日夕、「高良女史は自発的に代表を辞退した」旨、公表したのである。在外邦人の帰還問題と取り組んでいた外務省ＯＢの有田八郎が、高良と、有田自身の訪中問題について電話で話し合った際、高良が辞退したいといったということを、有田が奥村に伝え、奥村はすぐそれを記者会見して発表した。

（古川万太郎著『日中戦後関係史』原書房）

政府との協議をはじめる

一月八日午後三時、外務省で、鈴木外務省アジア局第五課長、山本引揚援護庁課長その他と会見して、中国紅十字会との間に結ぶべき協定について協議し、同時に引き揚げ開始と共に当然考えられる政府側の受け入れ態勢について、政府側から大体つぎのような説明を聞いた。

一、引き揚げ者が到着した際、まず検疫などの帰国手続きを済ませ、被服などを支給して大体収容所で三泊四日間休養をとる。

一、帰郷旅費は短距離は一〇〇〇円、長距離は三〇〇〇円を予定、また引き揚げ特別列車を仕立て地方別に出発する。

一、引き揚げ後、身寄りが分からず、定着地の決まってない者に対しては、大体七坪半の住宅約五〇〇〇戸を建設して住まわせるが、家賃は三～四〇〇円程度とする。

一、また大人一万円、子供五千円の引き揚げ手当を加え、そのほか一口について三万円の更正資金を年利九分、無担保で貸し付け、就職については労働省、就学については文部省がそれぞれ積極的に援助する。

一、政府としては、引き揚げ船は高砂丸（一七〇〇人収容）のほか時によっては白竜丸（五〇〇人収容）白雲丸（三〇〇人収容）を使用する。

また、代表団からは帰国手続きがもれなくおこなわれるよう在華邦人に周知徹底させると同時に、所持品はできるだけ多くし、戦犯者、抑留船員の氏名および死亡者の氏名を提供してもらうよう中国紅十字会に申し入れる旨を述べ、三団体の意見を一致させて北京に向かうことになった。

（『日本赤十字社社史稿第6巻』）

高良とみの緊急記者会見

一月九日、高良とみは、前日の奥村外務次官の発言に対し、緊急記者会見を行った。

一、有田さん（の訪中）がダメになったこと、国会議員団の参加も認められなかったことなどについて、中共側との間に立った私として大きな責任を感じている。しかし、これは私が代表として行くか、行かないかとは別の問題で、八日朝有田さんと電話したことは事実だが、辞退云々は言った覚えはなく、話しの行き違いだと思う。

一、旅券問題については、かつて私が行き先追加をしたことはあったが、旅券法を犯した事実は絶対にないのだから、外務省は当然出すべきである。きょう、奥村次官の意を体していると思われる関係局長と外務省で会った際、岡崎外相は、私があやまれば出さんとか言っているような話を聞いたが、感情でものを左右することこそ旅券法違反である。私は、あやまらずに筋を通す。

一、代表団の組織者である私が行かなければ、他の六代表も行けなくなり、引き揚げ交渉をぶち壊すことにもなろう。そのようなことは人道上できないことだ。いろんな雑音が入ったが、留守家族の人びとにこれ以上心配させたくない。むろん私は、代表の一人として中共へ行く。

（古川万太郎著『日中戦後関係史』原書房）

帰国協力会を立ち上げる

一月一八日、帰国協力会を結成。

「帰国協力会は、日本人が中国から日本に帰るための事務を、本来は外務省がなすべきであるが、外務省が当面の主体でないものでありますから、従って、電報一つ打つにも、日本におきますオフィスからあちらにどんどん電報が来なければならないような状態でありますので、一月十八日の大会を期しまして、日本人が中国から帰るその帰国協力という意味でできましたのが、この帰国協力会であります。従いまして、これは、三団体連絡事務局――日本赤十字、日本中国友好協会、平和連絡会の三つで構成されておりました連絡事務局が事務の連絡をいたしますが、それだけでは不十分でありますから、ありとあらゆる団体がこの中には構成されているのです。

帰国協力会の中には、労働組合団体もあれば、文化人団体もある。いろいろな大衆団体が、日本人の帰国事務を円滑ならしめ、またこちらへ帰ってから就職やら何やら、政府が十分にやらなければならぬ仕事がありますが、それを推進して行くために、これを組成して帰国協力会というものができておりますので、帰国三団体連絡事務局とまた違うのです」

――第16回衆議院引揚特別委員会（一九五三年六月二三日）、平野義太郎氏の証言より

旅券問題に関する反応

一月一九日、桜井氏（高良とみの秘書）が、帰団連の作った、三団体印入り（代表団は連帯責任であり不可分ゆえ高良に旅券発行を必要と認める）声明を持参。外務省の土屋局長は、これでも不充分だから、李徳全へ特別打電して返事を取ったらよいと。中国紅十字会に電報を打つ。

――アナタノ私ヘノ電報ニヨル招待ハ反動的大臣ニヨッテ、カレノ面子ヲ救ウタメノ旅券発行ノ条件ヲデッチ上ゲサセテイマス。ドウカ今度ハ私タチノ面子ト人道主義的ナ努力トヲ救ウタメニ協力シテクダサイ。旅券以外ノ準備ハスベテ整ッテイマス。

（『高良とみの生と著作〈第6巻〉』）

一月二〇日、『朝日新聞』夕刊に、高良女史への旅券交付問題で、島津団長の談話が載っていた。

「外務省には外務省としての言い分があるようだが、もっと大きな立場からみて旅券は出されるべきだ。ボクは出るものと信じている」

一月二三日、『朝日新聞』によれば、二三日に旅券が交付予定であったが、高良女史に旅券が出ないため、他の代表六名は旅券を拒否する。「高良女史も一緒でなければと……」

船田文子（主婦連副会長）「遅れると物笑い」
石川達三（作家）「ケチな根性」
辻清明（東大法学部教授）「目的を忘れるな」

海外抑留同胞救出国民運動岐阜県本部の代表、五七万人の署名「引揚嘆願書」を日赤本社に渡す。

一月二四日、『高良とみの生と著作〈第6巻〉』に、

「午後三時、於日赤、工藤氏が外務省の言として『五時まで旅券受け取られたし』と。畑中氏は昨夜来一

○余名と相談。高良女史の旅券は切り離し、家族の心を主とし、二六日に出発すると。平野氏も、出発後、留守部隊に旅券を頼みて、続けるが出発は延ばせぬと。加島も一体ながら、先発隊あって離れても旅券闘争するからと。内山は要するにわれわれ代表は高良を必要とせぬ、不信任ということになったと」

高良女史の旅券発給に対する三団体の対応への不満も見て取れる。これらのことが、中国紅十字会との協議で、日本側が「一枚岩」になれなかった原因ではなかろうか。

五時過ぎ、一同バスにて外務省へ。公用旅券と英ポンドを受け取る。

「右の者は日本国民であって、中共赤十字社と日本人引揚げ打合せのため中華人民共和国（香港経由）へ赴くから通路故障なく旅行させ且つ必要な保護援助を与えられるよう、その筋の諸官に要請する。」

昭和二八年一月二一日

（『日本と中国』一九五三年二月一日）

畑中氏は、パスポートの受領について、特に感慨が深かったようである。彼は、『中央公論』一九七三年三月号に、「北京行き旅券第一号の回想」というコラムを載せている。

「それは一九五三年一月二一日（ママ、二一日は発行日。受領日は二四日）のことである。わたしは、はずんだ気持ちを抑えながら外務省に向かった。当時、外務省はＮＨＫの西隣の日産館ビル（現在の三井物産ビル）に仮入居していた。そこでわたしたちは、待ち受けていた外務省の係官から中華人民共和国行き正式旅券第一号を受け取ったのであった」

なぜ、畑中氏はこれほど旅券の受領にこだわったのか。実は、前年の九月に北京で開催されたアジア・太平洋地域平和会議に出席しようと旅券を申請したが、外務省から拒否された。その旅券闘争中、外務省の応接室で暴漢十数名に襲われ、流血騒ぎになった経験があるからだ。四ヶ月前と違い、この度、外務省は驚くような対応をみせた。畑中氏いわく、非常に慇懃であったと。

一月二五日、高良とみ、緊急電報を中国紅十字会に打つ。

——拝啓、政府ハ私ノ先般ノ中国訪問ヲ非難シ、私タチノパスポートヲ否定（拒否）シツツ、六人ノ代表ニ月曜ノ夜飛ブヨウ急ガセテイマス。ドウゾ三団体ニ、代表団ノ必要ナリーダー（オルガナイザー）トシテ私ノパスポートヲ待ツヨウニ要請シテクダサイ。政府ハイマダニ旅券発行ノ条件トシテ、私ノ訪中ヲアナタガ絶対ニ必要トシテイル事ヲ要求シテイマス（カラ）。参議高良。

第四章　交渉の場・北京へ、日本代表団一行旅立つ

いよいよ、出発のときがきた。高良とみの旅券もギリギリ当日になって交付された。国民世論の大きな支持があったからである。中国に残っている日本人三万人、在華留守家族約五〇万人の期待が代表団の肩にかかっている。大きく重いプレッシャーのもとに、代表団は中国に向かって出発した。

中国との正常な外交関係がないので、日本政府の関係者は交渉のテーブルに着けない。外交の専門家がいない中、三団体は外務省と綿密な打ち合わせを行った。中国側はどのような提案を出してくるのか、とにかく、北京に行かなければ何も解決しない。島津団長は、まずは三万人の日本人を一人でも多く、一日でも早く帰国できるようにと考えていた。

高良とみへ旅券交付

一月二六日午前九時、高崎氏吉報がある。一〇時四〇分、大臣面会にて旅券出た由電話ある。午後二時、外務

省古山氏来る。法務委員会から土屋準欧米局長を呼び出す。〟お忙しければ議会まで持参させますから拒否はしないでください。旅券法は帰ってからゆっくり闘って話し合ってください〟と。四時、外務省旅券を持参し喫茶部で受けとる。国民世論の勝利なり。

（『高良とみの生と著作〈第6巻〉』）

岡崎外相の記者会見

――世論その他いろいろな事情を考慮して、引き揚げの万全を期するため、きょう高良さんに旅券を発給することにした。この問題についての政府の立場は、いままで通り極めてはっきりしており、世間もこれを理解していることと思う。また代表団の方々も、すでに高良さんの旅券問題は別として、六人だけでも出発するとの意志を表明された。中共からの電報は、高良さんが来なければ引き揚げに応じられないというのではなく、七人の代表の一人ということを確認しているだけで、事情はいままでと少しも変わっていない。

しかし他方留守家族のことを思うと、引き揚げに支障を来す心配が少しでもあってはならない。高良さんは行かなくても大丈夫と思うが、万全の措置を講ずるため、故障のたねを除くことが必要と認めたので、旅券を出すことに決定した。

（古川万太郎著『日中戦後関係史』原書房）

「世論が政府を動かしたのです。留守家族のために本当に喜ばしいことです。私としても最大の努力を払います。しかし旅券問題をここまでこじらせた政府の責任は、いずれ帰国してから国会できびしく追及します。私個人の問題ではないのですから……」

（『非戦を生きる――高良とみ自伝』）

代表団の壮行会

一月二六日午後八時、日赤一階広間に約三百名の留守家族団体代表等が参集し沸き立つ雰囲気の中で壮行会が持たれた。

日中友好協会、小沢事務局長の司会のもとに開会され、ユーロシヤ学会小林氏、留守家族代表赤羽氏、自由党益田氏、伊藤金属伊藤氏、婦人民主クラブ櫛田ふき女史より壮行の辞が述べられ婦人民主クラブから花束贈呈があった後、島津代表団長より「国民の期待に副うよう全力を挙げて努力する」との挨拶があったが、特に留守家族佐藤氏より次の如き発言があり注目を浴びた。

「私は本日代表団が出発されるに際してただ有難いの一言に尽きます。本当にお礼の言葉もない（感激にムセビしばし次の言葉が出ない）。

私は中共地区に一人娘を置いてありますが、終戦後、〝お父さん元気です。安心して下さい〟との便りと、娘が看護婦として中国に渡るとき持たしてやったお守りが送り返されてきましたが、どうぞ娘よ無事で元気でいてくれよと思って渡したお守りをどうして送り返してきたか判りません。今度代表の方に又そのお守りを持って行って下さるようお頼みしたところ、快く持って行って下さるとのことで、私は何ともお礼の言葉もありません。

私は決して娘に是非とも帰ってこいというんではない。こんな日本に帰ってこなくても中国にいて幸福ならば中国で暮らしてもらいたい。又結婚も好きな人が出来たら結婚しなさい。ただただ無事で元気で居てくれよと祈るだけです。しかし私も娘の顔を一目でも見たい。きっと娘もお父さんと抱きつきたいだろう。どうか代表の方々はこういう親子の心情を察して下さって、お隣の中国のことです、なんとか行ったり来たり出来るように努力して下さい。娘の無事を祈るとともに代表の方々の無事を祈っております」

（『日本と中国』一九五三年二月一日）

いよいよ出発

一月二六日

――見送りの人たちを乗せたバス三台が後を追い最後の挨拶が羽田空港のロビーの中で行われた。

この日、空港は帆足、宮腰両氏の帰国を出迎えた時以来の賑やかさで、さすがの米人たちも目を見張っていたが、ここにも日本人座るべからずの座席であったりして、見送りの人たちに日本の真の姿を見せつける一コマがあった。初めての国民代表を送る昂奮は将来の日本を象徴する希望に燃え立っていた。

人混みと新聞社、ニュース社のフラッシュやライトに取り囲まれた代表は、汗だくだくで揉みくちゃになりながらも、その責任の重大さと国民代表の誇りに満ちた頬をほころばせながら見送りの人たちと握手を交わしていたが、日中友好協会理事長内山完造氏は次の如く語った。

「こんな大きな責任を持たされて微力な私がどこまで皆様方の希望に副えるかと思うとその責任の重大さをつくづくと感じておりますが、出来るだけ多くの人を一日も早く帰ってもらうようにして、国民全部の期待に背かないよう全力を挙げてまいります。

それから皆様方にお願いしたいことは、かつて中国より日本人が引き揚げた後は、戦争になりましたが、今度の引き揚げは決してそういうことがないように……、帰ってきて下さる人たちも平和の使者として帰ってもらい、また受け入れる国民もどうか平和の使者として受け入れてもらうよう、切にお願いします」と。

ＢＯＡＣ機が横付けになるや日教組やインターと内山先生を取り巻く賛美歌の混声の渦の中に代表団の姿も人混みの中に隠れてしまったが、花束だけがチラチラと目に映った。定刻より三分前「人民代表万歳万歳」の声が爆音も打ち消すばかりの中を、はや機上の人となった代表団はハンカチを振り振り一路香港へと出発した。

（『日本と中国』一九五三年二月一日）

島津団長のあいさつ

――赤十字は終戦直後からソビエト、中国に限らず、あらゆる方面の未帰還者について努力を続けてきた。そして留守家族の方々が赤十字を頼るのは、決して日本赤十字だけでなく、世界の（ソ・中を含んで）赤十字に頼っているわけであるから、ぜひ何とかしたいとつねに強調してきた。また、日赤の看護婦も三百余名中国に残っているので、このことも含めて赤十字社のルートを通じて努力を続けてきたが、そのころは国府の赤十字ではどうにもならなかった。一九五〇年春に赤十字は中国の紅十字を国際赤十字社の正式メンバーに認めたので、日赤としても相手方が明らかとなったので、手紙で要請を出し、また、モナコで赤十字社連盟の会があったとき、李徳全氏にお会いして個人的にお願いもした。そのときも、引き揚げ問題そのものは政府の責任ではあるが、政府間の交渉がダメなら、赤十字社としても糸口をつける意味で、できるだけ努力せねばならぬと思ったことである。だが、この問題は友好協会、家族会、平和連絡委員会、全協など多くの団体がお互いに協力して帰国問題に努力してはじめて出来るものであり、赤十字だけでできるものではないと思う。

昨年十二月一日の放送以来、帰国問題が急速に展開したことは、わたしは大きな意味で予期していたところではあるが、これは友好協会、平和連絡委員会など、ことに昨年のアジア・太平洋平和会議での努力の結果ではないかと思う。

こんど中国から引き揚げの呼びかけに際して、全協が入っていないのを物足らなく思う向きもあるが、これには中国の考えもあろうし、あとの援護のこともあるので、全協もこぞって今後とも協力してもらいたいと思う。
こんどの問題について、日本の世論も種々様々であるが、要するに、一人でも多くの人に、一日も早く帰ってもらえるようにという目的に向かって一致して、その方針で全力をつくさねばならない。友好協会は〝友好〟平和連絡委員会は〝平和〟そして日赤は〝人道〟、非常に難しい問題ではあるが、この三精神を結集すれば必ず成果があがると思う。代表団は本人と家族の心を心として、協力して最善をつくす決意をもっている。

（『日本と中国』一九五三年二月一日）

日本人の引き揚げ交渉で中国へ
（1953年1月）―『日中外交交流回想録』
（日本僑報社刊、2008）

午後十一時、ＢＯＡＣ機で香港へ出発。

高良とみは機上で、今までのことを振り返っていたようだ。高良のコラム『高良とみの生と著作〈第6巻〉』「母なればこそ」に、

「三、四時間の時間しかないのに無理に飛行機に飛び乗った私の腹の中は煮えくりかえるほどのものがあった。——いろいろの意味で。〝母なればこそ、あんなひどい仕打ちをされても許しこそすれ〟と飛行機の中でも考えないではいられなかった。今度の帰国問題には、理屈と権力と打算（そういうものの入るのがもともと不純なのだが）ではとうてい鍵の開かない問題が必ず出てくると予想した人も一、二はあった」

一月二七日午前一一時香港到着。飛行場で記者会見。団長の談話後、高良とみの談話をとった。

——代表団入国に敏感だった報道陣も〝代表六名〟と昨日まで考えていたので、飛行機から降下する高良とみを発見したときにはある新聞記者は「驚嘆を感じた」「護符（旅券）を出さぬ吉田政府的岡崎勝男が全代表団の結束に頭を下げたのだ」と。

引揚交渉で日本側と中国側のメッセンジャー的な役割を果たす参議院議員の西園寺公一氏の動向が『日本と中国』（一九五三年二月一日）に掲載された。「一月二八日朝の北京放送によれば、昨年一二月ウィーンで開かれた平和擁護人民大会に日本代表として出席した参議院議員西園寺公一氏は二七日空路北京を訪問した」

中華人民共和国へ入境す

一月二八日

一行十三人が、香港から深圳《しんせん》に入る様子を、内山完造が記録に残していた。

——一行十三人は国境の橋を越えた。一人の青年解放軍人が旅券を調べてくれる。私の旅券を見つつ顔を上げて、おお内《ネエ》山《セ》老《ロウ》板《ペ》来《ライ》了《ラ》という。少なからず親しみを覚えたのは、三五年間いて聞き慣れた、彼の上海語が自然に与える親しさである。

私も、儂《ノン》暁得《ショウダ》我《グウ》罷《バ》と上海語で返すと、暁得々々《ショウタショウタ》と、とても笑顔で迎えてくれた。私も先ず老朋友《ロウパンユウ》の一人を得て、とても愉快になった。而も北京紅十字会からの呉学文先生も出迎えてくれて「魯迅先生の老朋友《ロウパンユウ》で、また中国人の老朋友」といわれた時には全く嬉しかった。

（小澤正元著『内山完造伝』番町書房）

また、高良とみは著書『高良とみの生と著作〈第6巻〉』で、深圳での入境の様子を書き残している。

――樹下の茶店で支那ソバを食して午後二時橋を渡って鉄条網の間にある検問所で旅券を示して中共側に進む。（ママ、島津団長の手記には、深圳に入り、広東料理を食べたとある）

二〇歳前後と見える一人の青年解放軍の制服兵が目を輝かして私ども一人ひとりの通過の監視に立っている。何の武装もしていないけれどもいかにも全責任を負って国境監視の重任に当たっているという感じを与える。一段下がった通路で黒服に赤十字胸章をつけた中国紅十字会の出迎え人が三名握手してくれる。これで無事国境を越えたという感じは、モスクワへの国境を越えた時よりもう少し厳粛な感がしたのはどういう訳だったろうか？

ユーカリプタス（ママ）の並木がある小坂を下りた対岸には、線路沿いに大型天幕が数張新しく建てられていて「海外帰国同胞歓迎休息所」と大書した接待所らしい。昨年六月末、この深圳駅を通った時はこれは全然なかったもの。（中略）

私どもは三人の中国青年に車中を案内され北京まで同道されることになった。一人はスポーツマンで呉学文君といい日本の中央大学に戦争まで学んだ人。高梁君という背の高い広東人は英語の自由な文化人である。

良女史は広州市の郊外にスイートホームをもち、三歳の女児を夫にたくし、身を挺して私の婦人相手として北京まで同行してくれるという家庭婦人の篤志家。

一月二九日、電報第一号

——広東紅十字会の歓待を受く、二九日午前発漢口経由鉄道にて北京に向かう。三一日夜北京着予定。代表団全員元気なり。

一月三〇日、高良とみの日記に、「来て見ねば分からぬこの広大さ。解放軍の必要さ」と書いている。車窓からの景色、延々と続く広大な大地。見た者でないと分からない大陸に感銘を受けているところに、ちょうど、解放軍の若い兵士を乗せた列車が高良たち一行の列車と併走した。途中の駅で列車が停車したとき、若い兵士たちがプラットホームに降り、体操や蒙古舞踊やダンスらしいものを愉快そうに、頬をほてらせて環になって踊っている様子が描かれている。日本の青年たちと比べ、はつらつとした若者たちに好感を抱いているのであろうか。

高良とみは長沙、岳陽、江西省に居住する日本人たちに手紙を書いた。

「〇県〇市のお母様あるいは父、兄、妻、夫からご依頼を受けましたからお知らせします。ご帰国の準備は万端終わりましたか。ご困難があれば北京にいる間にご通知下さい」。

漢口武昌につくと、直ちにあらゆる方法で在住の医師たちや民間同胞に来たことだけでも知らせたいと思って電話、電報と試み、使者を走らせる工夫もしたけれども短時間であったため、発車までの数時間に間に合わなかったことは残念でならない。またこれに協力してくれた武漢市紅十字会の人びとも「誠に不充分で申し訳なかった。あしからずお許し下さい」と頭を下げられた。

初めて、在華邦人に逢う

一月三十一日、高良とみの日記に、

——石家荘に着いた時は夕方五時近く、いよいよ北京に今夜入るというので長い旅の疲れをみんなホームに出て背伸びをしていた。数十人いた中国服の中から一人の老人が、黄色いセーターを着ていた私に近寄ってきて「高良さんでしょう。この列車で通られると思って出てきました。逢えて良かった!」と強い強い握手をされた。集まってきた日本代表団の人びとに取り囲まれ質問攻め。島津団長にも逢いたいというので列車の中へ呼びに行って出てきてもらったりした。この中国服に長鬚をのばした六四歳の医師は石門に永く住み、弟が埼玉県杉戸に待っている。

石家荘の同胞は一人残らず帰国申請書に写真をつけて出した。残留希望者でも日本人である限り一応皆書いて出したから、今度こそ皆希望者は帰れますヨ。あの新華社発表以来同胞は毎日ラジオを聞いて旅券問題で高良さんの奮闘も知っている。船をまず先へ出るようにしてください。初め船の準備が遅れるのではないかと心配した。私たちは天津までは自分の費用で出れるから日本へ帰ったらお礼に行きたいと思っていた。皆さんの顔を見て安心した。石家荘の数百名もいる日本人に伝えましょう――。ここには家族の無さそうな口ぶりであった（特に姓名は秘しておこう）。

話している間に停車時間が経ってしまい、名残惜しくも列車は動き出した。駅の鉄道関係者に助けられながら去ってゆくこの同胞の姿を心に留めて、私どもには感慨深いものがあった。心づくしとして土産にもたせてくださったミルク・ヌガーの一箱がこの老人の祖国への強い郷愁と愛情を物語っているようで、涙無しにはこの乳の甘味を味わうことが出来なかった。

「ラジオを聞いていて今日のこの列車に間違いないと思って出てきました」というこの白髪白鬚の老医師の心は、察するに余りがある。人の子の生命を保衛し、戦争と悪疫と泥と飢えとに闘ってきた六十余年の生涯を今祖国の敗戦後八年の春、診療所を閉鎖して宝も名誉も家庭的団らんも槿花一朝《きんかいっちょう》の夢と大陸に捨てて、老齢と一管の聴診器を胸に帰国船上の人となられるであろうことを想って、私には深い尊敬の念と祖国同胞のこれを迎える日を想像せざるを得なかった。

（『高良とみの生と著作〈第6巻〉』）

北京到着

午後十一時十五分、北京駅に到着。出迎えは紅十字会の紀鋒、西園寺公一、中村翫右衛門、鈴木一雄、通訳、林、肖（蕭向前？）、孫、范。北京飯店に宿す。

二月一日、電報第二号

——全員健康にて三十一日午後十一時到着、中国紅十字会代表の歓迎を受く。北京飯店に投宿す。

午前八時、突然、高良とみの部屋に日本の婦人二人の訪問を受けた。

「なつかしさの余り、前の北京入りの時、逢えなかった残念さに今朝は失礼でお疲れだと思ったけれど矢も楯もたまらず無理にもと押しかけてきました。まずまず聞いてください！」というわけで、三四、五歳の中国人に嫁している婦人と、六三歳という仏人の未亡人になって、娘二人を連れて帰る決心をした老婦人とは、ここ数年の帰国の苦心と同胞の実情を話したくてなかなかとぎれない。

（『高良とみの生と著作〈第6巻〉』）

第五章　会談がはじまる

第一回面談（表敬訪問）

二月二日午前一〇時三〇分、第一回面談（於紅十字会）

贈り物、手紙、メッセージ贈呈（日本の母から）

彭沢民中国紅十字会副会長…一二月一日の新華社電どおり、日本居留民は三万人くらいである。生活は大変良い。また彼らはときどき日本へ送金している。工作に参加中である。

日本居留民を中国から送還するのでもなく、日本が引き揚げるのでもない。紅十字会は希望者を帰らせる配船の手続きだけのことだ。（中国側代表団名簿を発表した）。

数日休息し、見物した後、非公式の意見交換をしましょう。高良さんも知る通り、日本が、平和運動をし、世界平和のために努力しているかを聞いて感動した。――去年一〇月はアメリカからも、フランスからも、日本からも代表が来て、平和の意志が明らかになった。今は誰が平和を破壊してるかが明らかになったから、皆さん立ち上がって世界の平和を守ろうではないか。

熊瑾鈞副会長…中日は昔から仲が良かった。しかし中国は日本軍閥のため数年苦しんだ。今日は多数の日本居留民が日本へ帰りたい、ゆえに政府の委嘱によりこれを助けて、帰したい、これも一つの友好です。今度はアジア太平洋平和会議に代表を送ってきた。これは日本人民の平和への欲求の表れです。ゆえに日本人民の平和への努力をよく理解します。しかし日本政府はアメリカの言うことばかりに従い戦争の準備をしている。日本人民は団結してこれを止めさせなければならぬ。

北京に来て一室に会し平和の空気がただようではないか。

平野氏…一二月一日の新華社電による代表団は特徴あり。

一、民間代表である、政府が、この問題を解決しなかったからその代わりに民間代表が来たのだ。

二、戦後初めて中華人民共和国を認めた旅券を持って来たのは、将来日中の国交回復の端緒を物語るものであろう。

三、民間の平和への要望が代表団を押し出したもの。

四、民国人（ママ）の日本国内での犠牲（四一六名）をわびるために棗寺《なつめでら》で礼拝して出発してきた、紅十字会に謝す。

（『高良とみの生と著作〈第6巻〉』）

＊棗寺…中国の人たちが日本におきまして戦争中にいろいろな原因から虐殺を受けてお骨になっておる事件が、花岡、新潟、東京、北海道、あるいは小坂鉱山、木曽谷などでございましたが、特に今まで骨壷に入れて奉安しておりましたのが、浅草本願寺の隣の棗寺にございました。

（第16回衆議院引揚特別委員会での平野義太郎氏の証言）

二月三日、電報第三号

――代表団は二日中国紅十字会を訪ね、彭沢民、熊瑾玎、胡蘭生の三副会長以下の職員に面会す。李会長は病のため会えず。同時につぎの六氏を会談の代表にすることを正式に通告された。六氏とは紅十字会顧問廖承志（団長）、常務理事伍雲甫（副団長）、顧問趙安博、副秘書長林士笑、倪斐君、連絡部長紀鋒で、両三日後正式会談に入る。

午前九時、事務局会議

秘書長…岩村三千夫、畑中。渉外…加島、平垣。内地連絡・専門委員会…大藤（ママ、工藤？）、林。庶務・

会計…永見、中村、桜井。

一、在留日本人に面接は如何。
二、留守家族の声、放送は如何。
三、各種団体へのメッセージの表を作る。

第一回予備会談

二月三日午後三時一五分、第一回予備会談
伍雲甫…一二月一日の新華社放送は基本で、その他具体的問題は何でも自由に話し合って工作の基礎としたい。
島津氏…帰国に際し希望することを述べる。
一、範囲の問題…今までの調査で帰国する数は如何。日本国籍を有したもの、及び中国人の妻も子女も？
二、短期間に帰国できるように願いたい。
三、帰国者は多くの荷物を多く許されたい。

四、配船する都合上、なるべく早く人数を知りたい。

質問

一、貴国調査によれば、帰国する人数はどのくらい。
二、乗船港の指定を伺いたい。
三、残留希望者、帰国手続き未完了者の数。
四、帰国集結の費用は私費負担か。

加島…新華社電の適当な機関とは何の意味？

内山…上海から六万〜七万人帰ったときは指針が示された。今度は制限があるか。重婚者三五組（上海にあり）。

平野…孤児はどうなる？

工藤…生活困難者は中国か、邦人の間の扶助か。

工藤…日僑（在留日本人）で政府機関に働いている者と、自由職業者との数別居留民数を知りたい。難民は邦人間で助け得ぬ（帰国に多忙）ときには、紅十字会か公的機関で如何。辺境の地（新疆、山西）にいる邦人に帰国手続き遅れぬよう徹底周知されたい。

加島…在留邦人の実態を日本人の中には誤解している人びとがある。

伍雲甫…加島さん、何か具体的に中国と日本との間に理解されない点があるか。

加島…よく考えとく。

畑中…希望する者が自由に帰れることに疑問をもつ反動または理解せぬ人びとの言が、留守家族の間に伝わって不安をかもしている。

高良…以上出た問題は、①帰国人の範囲、②配船の手順及び手続き、③それに伴う経済問題を分科会専門委員会で取り扱っては如何。④これに加え、特に病人、虚弱者、老幼婦女子を優先していただきたい。病院にいる人辛うじて歩行できる虚弱者を充分手当のある方法で、優先的に帰国するよう博愛で行いたし。

五時終了。いずれこれらについては研究の上返事をするからとのことにて帰る。

（『高良とみの生と著作〈第6巻〉』）

日本側の受け入れ準備

二月五日、衆議院引揚特別委員会で、

佐藤洋之助委員長…会議を開きます。

これより中共地区残留同胞引揚に関する件について議事を進めます。本日は特に引揚者の受入れ態勢について関係当局より説明を聴取することにいたします。木村長官。

木村忠二郎援護庁長官…われわれが待望いたしておりました中共地域からの邦人の引揚げにつきましては、昨年の十二月一日の北京放送によりまして、これが実現の可能性がありますることが明らかになりました。その後いろいろといきさつがございまして、御承知の通りに、先月の二十六日に日本側の代表団が先方に参りまして、この引揚げの方法等につきましての具体的な打合せをいたすことになりました。現在その打合せを始めておるわけであります。従いまして、政府当局といたしましては、これに対しまして、その受入れの援護がきわめて重要でありますことにかんがみまして、いろいろと準備をいたしまして、昭和二十八年度の予算並びに昭和二十七年度のこれに必要なるところの経費の支出ということにつきまして、一応の計画ができましたので、御説明することにいたしたいと思います。

前にも申し上げたのでございますが、従来の引揚げと今回の引揚げとにおきましては、相当国内情勢におきましても相違いたしておりまするし、また引揚者の現地におけるところの状況におきましても相違がございますので、われわれといたしましては、従来よりも手厚い受入れ態勢をとらなければならぬというふうに考えまして、財政当局とも折衝いたしました結果、次に申し上げるようなことにいたすこととなったわけであります。お手元に「中共地域引揚者受入援護等の大要」という資料を配付いたしてございますので、これによりまして御説明いたしたいと思います。

まず、受入れの第一といたしましては、帰還輸送船内におけるところの援護でございます。帰還輸送船につきましては、前々から申し上げます通りに、現在舞鶴港に繋留してありますところの高砂丸をこれに充てる予定であります。これで不足の場合におきましては、他の船をさらに用いるということにいたしたいと考えております。これにつきましては、今回参っております者の先方との打合せによりまして、どういう速度で向うから送出が行われるかということによりまして、これがきまるわけでありまして、これらにつきましても、代表団との打合せは十分についておりまするし、代表団におきましても、その方面の専門家が工作員として行っておりまするので、その点につきましては遺憾のない連絡があることと考えております。帰還輸送船内の援護といたしましては、船内における給養、医療、それから引揚指導というような問題がおもなものでありまして、この給養につきましては、船内の寝具の準備、航海中の食事につきまして、できるだけの措置をいたしたいと考えております。主食は一日六百グラム・カロリーといたしまして約三千カロリー、この経費の単価は一日九十円十七銭で、現在政府で行っております各種のほかの施設よりは、はるかに高い程度の給与ができるようにいたしてございます。

次に、医療につきましては、帰還輸送船には医師一名以上、看護婦若干名を乗船させまして、引揚者の応急医療対策といたしておるのでありまするが、高砂丸につきましては、今考えておりますのは、医師二名、看護婦十名を乗船させるつもりでおります。なお、第一船につきましては、その状況を見まするために、さらに五名を増しまして、第一船は十五名を乗せるようにして、その経験によりまして今後のことは考えて参りたいと思っております。と申しますのは、従来の引揚げとは異なりまして、今回はことにソ連からの場合とは違いまして、婦女子等が相当多数おりますので、これにつきましては万全の措置を講じなければならぬというふうに考えておるわけであります。

次の引揚指導と申しますことは、ここには「引揚指導官若干名を乗船させ、内地上陸後の諸手続の説明並びに復員手続の一部を行わせる。」と書いてございますが、これは、こちらに帰って参りまして、できるだけ早くそれぞれの故郷に帰るようにいたさなければなりませんので、その仕事をすみやかに進めまするために、各種の手続につきましての準備を船の中でいたしまするほか、各般の国内の情勢等につきましての連絡をいたすというために、援護庁の職員を五名、外務省の職員を二名だけ乗船させる予定でございます。なお、第一船につきましては、やはり先ほど申し上げましたように、いろいろとめんどうを見なければならぬ事件がどの程度あるかということの見当もつきませんので、それよりも増員いたして、お世話をいたすようにいたしたいと思っております。

その次に書いてございます帰国査証の点でございますが、出入国管理令に基きます帰国の査証を、引揚げて入国した場所でしなければならぬのでございますが、これを船内においてやる必要があるかどうかという点につきましては、現在出入国管理庁におきまして検討中であります。船内におきましては、大体この手続はしないようにした方がよいのではないか、帰りましてから簡単にできるのではないかというように考えております。これは目下まだ検討中でございます。

次に、舞鶴におきましては、現在施設の整備をはかっておりまして、この前申しました通りに、大体現在一日同時に二千五百名の収容ができることになっております。やり方によりましては、もう少し入りますが、一応そのくらい入ることになっております。同時に多数の人が帰りますならばどうするか、現在の状況をもちましては、あの場所で大体これの二倍くらい施設を拡張することができるようでございます。それにつきましての準備もいたしておりまして、先方からのこちらに対します送り出しの速度等についての連絡があり次第、これに対する必要なる準備をしたいと思っております。

援護局の中で行われます仕事は、まず検疫、それから帰国の査証、それから税関の検査、身上相談、それから引揚証明書の交付、それから元軍人であった者につきましては復員の業務、帰国後における援護物資の交付、応急援護金の支給、帰還手当の支給、こういうようなことをいたしまして、その間におきますところの給養もいたさなければなりません。また必要があります場合には、応急医療を行うというのが大体のことであります。

税関検査につきましては、国内に持帰りが禁止されておりますもの、たとえば、阿片でありますとか、麻薬というようなもの、あるいは偽造通貨、あるいは公安風俗を害するような物品は、国内に入れることは禁止されておりますので、これらも検査されます。その他の物品につきましては、できる限り関税がかからないようにいたしたいというように考えまして、大体その方の当局とは了解を得ておるのであります。ただ非常に非常識な商品とみなされるようなものを多数持っておられるような場合におきましては、いたしかたがないのでありますが、大体その人の使用されるものにつきましては、できるだけ税がかかるというようなことのないようにいたしたいと考えております。

それから、援護局に滞在いたしまする期間でございますが、これにつきましても、できるだけ短かい期間で完了いたしたいと考えております。現在考えておりまするのは、三泊四日で全部済ましたいというように考えております。従来よりはその日数を縮めまして、できるだけすみやかにおちつく先におちついていただくようにいたしていただきたいと思っております。ただ、ここにおきましていろいろな手続をいたしておきませんと、帰りまして、いろいろまたあとから不自由なことができることがございますので、それらの点につきまして遺憾のないように措置をいたしまして、できるだけ短かい期間に済ませるようにいたしたいと思います。

引揚地滞在期間における給養につきましては、やはり一人一日当り主食六百グラムという先ほど申しました給与をいたします。それから、ここにおります間におきまして、留守宅にあてて一世帯一通の電報を無料で取扱うようにいたしております。

身上相談につきましては、引揚援護庁、文部省、労働省、法務省、これらの各省におきまして、その相談をいたすのでありまするが、文部省におきましては子弟の教育の問題、労働省におきましては職業の問題、法務省におきましては戸籍関係の問題、これらの問題につきまして相談に応ずるようにいたしたいと思います。その他のことにつきましては、ここでは扱わないようにいたしたいと考えております。

それから引揚証明書の交付、これは、帰りましたあとの食糧の配給の問題でありますとか、あるいは援護物資の交付などの手続等にも必要でございまして、おちつきましてから先の各種の問題に関しまして、この引揚証明書が必要でございますので、この交付をいたしたいと思います。

それから援護物資の交付でございますが、ここにおきまして被服及び日用品を支給することに従来からいたしておりますが、現在こちらで持っております物資によりまして、できるだけ手厚い支給をいたすようにいたしたいと考えまして、現在手持ち物資の調査をいたしており、できるだけ早い機会にこの基準をきめたいと思っておりまするが、われわれの気持といたしましては、従来よりは手厚くしたいと考えております。

応急援護金、これは、上陸いたしましてから定着地へ帰りますまでの各種の経費でございます。これにつきまして、旅費あるいは雑費として支給いたすのでございまするが、上陸地区から定着地までの間の距離に応じまして、一人当り、おとなで千円から三千円までの間、子供はその半額を支給することにいたします。「帰郷旅（雑）費」と書いてございますが、未復員者と特別未帰還者には旅費として、その他の邦人には雑費として支給する。これは金額は同じでございます。ただ、片方は法律により、片方は法律によらない行政上の措置によってやるわけで、内容は同じでございます。

次に、帰還手当でございますが、これは従来いたしていなかったものでございます。今回の帰りました方々が安心して国に帰ることができる、つまり帰りましてからただちに生活に困窮することがないようにするためには、一応応急的な生活その他のための資財といたしまして、若干の資金が必要であろうと考えられますので、これについて今回新たに帰還手当の制度を設けまして、引揚者に対して、おとなが一人当り一万円、子供が一人当り五千円を支給することにいたしたのでございます。この帰還手当は、この帰還手当と本人の所持金を合わせたものがこの手当の倍額になるまでは支給するということにいたしております。大体そのくらいのつもりでおります。従いまして、持帰り金が一人当り二万円以上になっている者につきましては、これは支給されません。大体今のところはそういうようなことになっておるのであります。またこれは、純粋の引揚者に交付するようにいたしたいと考えて、現在のところそういう話合いになっておるのであります。それから持帰り金は、米ドルあるいは英ポンドの現金、それらの金額でできております外国為替証書というものが持帰りができるのでございます。その他のものでは、こちらで現金になりません。これらの現金を日本金に引きかえますのは、援護局内にその銀行が出ておりまして、できるようにいたすことになっております。それから、現在までのところでは、中共では持帰り金について何ら制限を加えていないように伺っております。

次に、衛生関係でございまするが、医療の問題は、病気によりまして、軽症の者は、援護局内に病室がございますので、そこに収容いたしまして、そこで医療の看護を加えまするし、重症の者は、国立病院等に移しまして、そこで療養されるようにいたしたいと思っております。

次は、援護局から郷里に帰るまでの陸上輸送でございますが、この陸上輸送につきましては、東舞鶴駅から帰ります場所までの鉄道輸送に無料の乗車券を交付いたします。これは引揚援護庁でもってその乗車券の費用を負担いたします。引揚者の輸送を無料で行っておるのは従来の通りであります。これは携行品、引揚げ荷物を含めまして、さようにいたしております。なお、この間におきまする臨時列車の運転あるいは車両の貸切りと申しますか、こういうような措置を講じることにつきまして、大体国鉄当局とも話合いが、幹線におきましてはできることになっております。ただ時期が時期でございますので、どうかと思いますけれども、国鉄といたしましては、できる限りの便宜をはかるというふうにいたしておりまして、大体われわれの見込みでは、それができるだろうと考えております。

それから、その途中の食糧でございますが、従来は途中で、適当な場所におきまする車中の弁当を支給いたしておりまして、そのほかに、食糧の不足を補う措置として、乾パンを交付したのでありますが、現在乾パンは適当ではございませんし、むしろ弁当の質をよくする方がよいと考えまして、弁当は質のいいものにいたし、従来よりも主食の量を増加いたしまして、これを交付することにいたしたのであります。これは、ちょうど食事の時間にあたる駅におきまして支給するようにいたしております。

それから、帰郷途中におきまする車内の事故等につきましては、日赤が車内の施療を担当いたします。また主要な駅におきましては、できる限り湯茶、みそ汁等の接待をいたしたり、あるいは休養所の設置をいたしたりして、これに対しまする措置を遺憾なくいたしたいと考えております。

最後に、帰郷いたしました定着地におきまする援護でございますが、今度の引揚げの特殊な性質にかんがみまして、引揚者の一時収容所を特に整備いたしたいと考えておるのであります。引揚者でありまして、全然縁故者がなくて、ただちにおちつくところのないような方、適当な住宅が得られるまで応急的に住居を必要とする人に対しまして、主要な都市に一時収容所を設置することにいたしまして、これにつきましては、本年度及び明年度の予算でもってこの施設を整備いたしたいと考えております。新設の必要がありますものは新設いたしますし、また従来の施設を転用する場合におきましては、これの補修費用というようなものを見まして、大体主要な都市全体にこれを設置いたしたいと考えております。

それから、先ほど申しましたように無縁故者が非常に多いと考えられますので、これらに対しましては、できるならば一般の公営住宅等に入っていただくことが最も望ましいのでございますけれども、いろいろな御事情によりまして、特に帰られた当座はこちらの状況になれませんために、公営住宅等に入りにくいような方々もあると思いますし、またそういうものが建てられないような場所におちつく方もありますので、これらの方々のために特別な引揚者住宅を設置するようにいたしたいと考えております。これにつきましては、おおむね来年度三千戸、本年度四百六十戸を設置するようにいたしたいと考えております。これらにつきましては、その必要な場所に設置するようにいたしたいと考えております。これをあらかじめつくっておきまして、そこに入らなければならぬというような強制がされないようにするために、実際に帰られました事情に応じまして建てるようにいたしたいと考えております。ただ、引揚者の方々が多数入られるような場所におきましては、本年度内にできる限り建てるようにいたしたいと考えております。

次に、引揚者で厨房用品等のない者、これが手に入らない人に対しまするあっせん、あるいはこの支給等につきましては、従来と同様な措置を講じます。

それから更生資金でございまするが、更生資金は、今回一応国民金融公庫に二億円のわくを設けて、その貸付を行うことにいたしております。これの貸付の基準等につきましては、従来よりは有利にいたしたいと考えまして、目下金融公庫と折衝中でございます。大体従来よりはある程度有利になるというふうに考えております。

その他、職業あっせんでありますとか、あるいは引揚者の子弟の教育、あるいは引揚者の戸籍に関する問題、これらに対しましては、先ほど申し上げました通りに、一応舞鶴の援護局でもってこれらについての一応の大ざっぱな御相談はいたしまするけれども、具体的な問題につきましては、やはり定着地に参りまして相談しなければなりません。これらにつきましては、それぞれ担当の労働省、文部省、法務省におきまして、それらについての準備をいたしておるようであります。これにつきましては、重ね重ね申しますような方針で、できるだけこれにつきまして遺憾のないようにするということで準備いたしておるようでございます。

なお、今回の引揚げにつきましては、国民全体が、この長らく外地で苦労されましたところの引揚者の方々を、あたたかい手でもって迎えて、そうしてこちらの土地に完全に定着できるようにしなければならぬものであると考えておるのであります。そのために、従来やっておりますところの引揚げ援護愛の運動をさらに強力に展開いたしたいと考えまして、これにつきまして若干の経費を見込みまして、各地方に対しまして、これを展開するようにいたしたいと考えております。

大体以上をもちまして受入れの大綱を御説明申し上げたわけであります。これらの措置におきまして、まだこれでもって十分であるとは決して申し上げられないのでありますが、従来の援護に比べまして、さらに内容を充実いたしまして、これらの方々をお迎えするのに遺憾のないようにいたしたいと存じておる次第でございます。

廖承志団長の帰京

二月九日午前一一時、廖承志団長が帰京したから逢いたいとのことにて団長、副団長が紅十字会へ行く。廖承志氏は日本生まれで暁星から早稲田を経て一三年間日本にいたので、日本語はよく分かる。いわく、

「多少は日本人の心持ちも分かると思う。引き揚げ問題ではない。中国は日本人の希望により、中国にいる日本人を助けて帰国の便宜を図る方針はすでに決まっている。あらゆる困難は克服することが出来ると信ずるから、まず日本側の意見をよく聞かせてもらい、個々の具体的問題は相談しましょう」

平野・高良…だいたい、先日思いつきを話し合いましょうということで、団長から出た四問題のほかに細々した質問を三方面に分類した。①帰国日本人の範囲、②船舶配船具体案、③経済問題、資料である。

平野…帰国しない日本人家族の呼び寄せの便宜を図られたい。

伍雲甫…資料は出来るだけ詳細にすべて出していただきたい。

高良…資料にまとめた希望事項を提出して、なお問題が残るだろう。それらに力を貸してもらいたい。具体的問題から先に解決して欲しい。孤児や、残した子と親の問題など中国側の力を貸してもらいたい。どちらに決めた方がよいか私にも不明。

廖承志…中国境内に生存する人で望めば皆帰す。今日本と中国との友好を望まぬ米国などあるから一層皆さんの努力を希望する。

高良…日本国民の中には日本政府が戦争の後始末をせぬため、子を待つ老父母や夫の帰りを待つ妻、親の帰りを待つ子たちは中国の友情に心を傾けている。紅十字会だから日本政府の放置する行方不明者についても人道的立場から紅十字ならと頼った手紙を数千通毎日分類しつつある。日本軍脱走者も帰りたい。これは人情であるから力を貸して頂きたい。さらに細目についても予備工作をしましょう。


（『高良とみの生と著作〈第6巻〉』）

二月一〇日、日本からの来電

「サラニ頻繁ナ公的リポートヲ、代表団ハ熱心ニスベテノ方面ニオイテ要求サレル。慎重ナゴ配慮ヲ乞ウ。」

国会での質疑応答

二月一〇日、衆議院引揚特別委員会で、

帆足計委員…ところで、中国に滞留しております在留邦人の中で、……年をとった母に会いたい、父に会いたい、または墓参りに帰りたい、子供の嫁もらい、学校等のために子供を連れて一時祖国に帰りたいという切なる要望がありますことは当然お認めでございましょう。……

それは男やもめとして向うにおられるとか、夫に離れてかの地におられるとかいう方々は、帰心矢のごとしでありましょうが、御家族連れで向うにおられる方々の中には、日本のためにも移民として向うでもっと努力しよう、しかし盆暮れや正月などには、数箇年に一度でもいいから日本に帰国して、母の顔を見たいというような方々が非常にたくさんおられると思います。しかも永久に日本に帰ろうか、それともかの地にとどまろうかと迷っておる方も相当あられると思いますが、とにかく、一度祖国に帰って、様子を見て決心しようというような方もおられることは当然であろうと思います。

それらの事情を勘案いたしまして、たとえば三箇月とか六箇月とか期間を限りまして、一時墓参りや両親に会いますために帰国することを許すというくらいの措置はあってしかるべきだと存じますけれども、従来新聞等で伝えられたところを見ますと、そういう便宜はとりあえずはかることができないというような外務当局の御決定であったかのように承りますが、まことに遺憾なことでありますので、ぜひともこの問題については再考慮をお願いしたいと存じます。

この点につきましては、引揚委員会といたしましても、理事会といたしましても、同僚の各派諸君とともに、もっと懇談いたしまして、委員会としての見解も相談いたさねばならぬ重要な問題でなかろうかと存ずるのでありますけれども、政府当局が今日そのような一時帰国をお許しにならないという理由は、どういうところにございましょうか。多少御無理でない理由があったならば、またそれにふさわしいような条件をつけまして、何とかその願いが届くようにいたすことが、われわれ議員としての務めでなかろうかと存じますが、一応のお考えのほどをこの際承りたいと存ずる次第であります。

中村幸八外務政務次官…中共残留者で、一時帰国して、再びかの地に渡りたい、こういう者をどうするかというお尋ねのようでありますが、これは、結局再渡航という問題になるのではないかと思うのであります。渡航につきましては、一般人に対する渡航が禁ぜられておることは、先ほど申し上げた通りであります。そういう趣旨から申しまして、再渡航は遺憾ながら認めることはできない、かように考えております。なお、向うでは技術者がぜひほしい、必要だ、ついては代人を渡航させてくれ、こういうような希望があったといたします。その場合におきましても、やはり同様、新しい渡航の問題になりますので、外務省としては認めることは困難である、かように考えております。

田中稔男委員…昨年十二月二十六日の本委員会の会議におきまして、私は援護庁長官に対しまして、今度の中国からの帰国者について思想調査や情報収集ということをやり、本人に不愉快な印象を与えたり、あるいはまた日本国憲法がすべての国民に保障しております思想及び良心の自由を侵害するようなことのないように、切に要望申し上げたのであります。その際に長官は、引揚援護庁といたしましてはそういうことは全然考えておりませんという御答弁をしておられるのであります。また一月十七日の帰国推進国民大会の代表に対しまして、たしか外務省の奥村次官だったと思いますが、責任を持って思想調査や情報収集はやらないと言明された。

私は、これで一まず安心したのでありますが、最近に至りまして、在華同胞帰国協力会の調査したところによりますと、非常に心配になる事件が起ったのであります。と申しますのは、昨年十月二十七日、天津から神戸へ引揚げて参りました大阪の京昭という青年が、一月十四日付の援護庁復員局庶務課長名義の一通の手紙を受取ったのでありますが、その内容はこう書いてある。「在日米軍当局より、貴殿に御協議申したいことがあるので、御多用中とは存じますが、おさしつかえなければおいで願いたいという依頼がありましたので、お伝えいたします。」こういうような前文がついて、一月二十八日に復員局に来てくれ、――それからいろいろこまかいことがあとに書いてあるのでありますが、京昭という青年は、その通りに当日復員局の庶務課に参りました。そうしますと、庶務課の方から、翌二十九日から麹町の宝亭ビルにあるアメリカの航空情報部隊に出頭してくれ、こういう指図を受けた。そこで翌日そこに参りますと、幾つもの部屋がありますが、一つの部屋に六、七人同じような人が呼ばれておりまして、皆と一緒に二世からいろいろと情報の提供方を求められたのであります。

この青年は、ハルピン、北京、天津に滞在しておったのでありますが、二十九日から二月の二日まで五日間かかりまして、ハルピン市内の区画であるとか、道路の状態であるとか、建築物の位置、材質、基礎工事等、詳細に尋ねられました。また中国の国民が新政府に対してどういう感じを持っておるか、また朝鮮戦乱に対してどんな考えを持っておるかというようなこともあわせ尋ねられた。京君と同時に取調べられた者だけでも四十数名を数えることができるということでありますが、ほとんど連日多数の人々が、その場所で取調べを受けておるというようなことでありますから、その総数はたいへんなものであろうと私は思います。

こういうことは明らかに米軍の情報収集活動であります。私どもは今日、アメリカにおいてアイゼンハウアー新政府の積極的な極東政策が、あるいは満州爆撃となって現われるのではないか、こう心配しております。私どもの心配だけではありません。全世界の平和を念願する人々の心配であります。しかるに岡崎外務大臣は、先日の外務委員会において、米軍による満州爆撃が万一行われても、それはあたりまえだと言わんばかりの御答弁もなさったのであります。私どもは、こういう危険な時期にあたって、アメリカの航空情報機関が、中国から引揚げた人々について、詳細な満州事情の情報収集を行っておるということは、きわめて重大な意味を持つと思うのであります。

京君の話によりますと、その取調べは、密閉した部屋で拷問を行うというような調べ方ではなかったのであります。交通費、宿泊料、日当等も米軍で支給してくれたのであります。しかしながら、庶務課長からの公文書のごときも、警察の者が京君の家に持って来た。京君でない他の人の場合でありますけれども、出頭に応じない、三たび手紙が来る、それでも応じないという場合におきましては、日本の警察が本人の行動を尾行する、その他種々な圧迫が行われたということであります。それだけではありません。こういうことについては、日本の国民が非常に戦々きょうきょうたる気持を持っておる。かつてソ連から引揚げた人々が、引揚げ当時、舞鶴において厳重な情報収集のための取調べを受けた、その後平和な市民生活に入りました後においてもときどき米軍の機関に呼出しを受けて取調べを受けた、はなはだしい場合には種々な拷問を受けた、さらにまた米軍の諜報活動に協力を求められた、こういう話が広汎に伝わっておりますが、最近の三橋事件その他によりましても、その間の消息は明らかであります。

こういうことが今日の日本国民全体に何か陰鬱《いんうつ》な灰色の印象を与えておる際でありますから、拷問はなかった、また旅費その他の支給も受けたと申しましても、私どもは、取調べを受けた人々が何かあと味の悪い感じを持って帰るのは、常識で容易に判断できることだと思う。これが一人や二人ということならば別であります。多数の同胞の問題である。たとい一人の場合でも、憲法が保障する思想、良心の自由というような基本的な人権は、かたくこれを守らなければならぬのでありますが、いわんや、これが多数の人々の場合に行われておるということは、われわれ国民代表として絶対に黙過することができないのであります。なお、その取調べにあたりまして、京君が上陸地である神戸で七通同文で記入を求められた調査カードといいますか、調査票といいますか、その一通が取調べに当った二世の手元にあったそうであります。これはどうせ援護庁の方から渡されたものだと思います。

そこで私は、ここでひとつお尋ねいたしたいのでありますが、援護庁長官はこの事実を御存じであるかどうか。具体的には、復員局の庶務課長名義で発せられたという公文書のことについて御存じであるか。上陸地において引揚者に記入を命ずる調査票が七通作成せられるのでありますが、その一通がそういう方面に送られたことは確かでありますが、そのほか、あとの六通は一体どういう方面に御使用になるのか、調査票の行方についてお尋ねしたいのであります。第三に、こういう米軍の情報収集活動に対する援護庁の協力というものは一体いかなる根拠に基いて行われておるのか。日米行政協定のどの条文を見ましても、情報収集とか、情報提供の規定はないのであります。

さらに、法務大臣がおられますから、法務大臣にもお尋ねしたいと思いますが、法務大臣もこういった事実を一体御承知であるかどうか。また法務大臣としましては、米軍の機関によるこういう情報収集とは別個に、公安調査官というような者が上陸地に参りましていろいろ取調べをやるとか、平和な市民生活に入った後においても同様の活動をやるというようなことはないか。こういうことは、憲法の規定する基本的人権に関する重要な問題でありますから、法務大臣の責任ある御答弁を承りたいと思います。

なお、外務省関係についてもお尋ねしたいと思いますが、外務大臣がおられませんから、次官が大臣にかわって御答弁願っていいのでありますが、外務省においても、こういう事実は御存じであるかどうか。また御存じであるとするならば、一体いかなる根拠に基いてこういう情報収集活動における日本側の協力が行われておるかということをお尋ねしておきたい。

木村忠二郎援護庁長官…従来、占領中におきまして、先般お話のごとく、情報収集について協力しておったという事実はございます。その後におきまして、独立後、援護庁といたしましては、そういう協力につきましてはしないという方針をもちまして、先方からいろいろな交渉があったのでございますけれども、これらにつきましては、一応いたさないという方針でもっておったわけでございます。ただ、先ほどお話がありましたような、通知を出すということだけは、これはやむを得なかろうということで、いたしたのでございますが、われわれとしましては、なおこの点につきましては、はなはだ好ましくないというふうに考えておるのでありまして、できるだけそういうことはしないようにしたいと思いまして、今後そういうような措置をする考えはないのであります。

それから、引揚港におきまする問題につきましては、今後舞鶴におきましてのそういうものにつきまして、先方に出すようなことはいたさないつもりであります。

犬養健法務大臣…多くの海外同胞が、従来も引揚げて来られ、今後もまた引揚げて来られる。できるだけ多く祖国にお帰りを願いたいという念願を持っておるのであります。その際、帰って来た人一人々々思想調査をやるという考えは持っておりません。ただいまいろいろお話を承りましたが、もしも引揚援護庁の、そういう呼出状ではないが、インヴィテーションみたいなものを警官が持って来たとなると、まずいことじゃないかと思いまして、そういうことは今後ないようにいたしますし、あったのかどうかも、さっそく調べたいと思います。尾行ということも、すこぶる穏当でない。今までありましたなら、あった事実を承って、今後なくしたいと存じます。

中村幸八外務政務次官…外務省としましては、お尋ねのような事実につきまして、承知いたしておりません。

堤ツルヨ委員…次にお尋ねいたしたいのは、高良旅券の問題でございますが、この問題につきましては、これは中山委員御指摘の通り、まことに外務省といたしましては失敗であったと思うのでございます。出すならば初めから出す、罰則がないのならば、少々感情はあっても、これは理論的にはっきりとした見通しをつけて、初めからお出しになった方がよかったと思います。先ほど圧力という言葉がございましたが、まったく輿論の圧力に屈服した岡崎外務大臣が、あいまいな電報になんだか応援してもらったようなかっこうでお出しになったような感が深うございます。

たとえば、高良さんが入っておらなければ三万人の引揚げの交渉の問題は相手にならないという意味の電報であるならばもう一度考慮しようということを、新聞などでも御発表になっておりましたが、その結果出て参りましたあの電報は、必ずしも高良参議院議員が入っておらなければ交渉に応じないというものではなかったことは、はっきりいたしております。にもかかわらず、お出しになったということは、いかに欧米局長が大臣を擁護なさり、そうして帆足委員と理論闘争をなさいましても、私は、この問題に関する限り、外務省当局の確かに黒星であると思うのでございます。

今後引揚げ促進の途上において、こうした問題がいろいろと形をかえ、品をかえて出て来るにつけましても、外務省がこうした失敗をたびたびお繰返しになるようでは、私たちも困るのでございまして、この点は、大臣に御出席を求めて、もう一度はっきりといたしたいと存じますが、もう一度、電報の内容をどういうふうに御解釈になったか、――私たちの解釈しておりますのでは、必ずしも高良さんが入っておらなければ三万人の引揚げ交渉に応じないという意味の電報ではなかったように存じます。しかも、それであるならば出すとおっしゃったのに、それでないのにお出しになったところに、非常な失敗があったと私は思うのでございますが、土屋局長、いかがでございますか。

土屋欧米局長…先方から参りました電報の解釈につきましては、今の堤委員の言われる通りに私どもも受取りました。簡単に申しますと、高良さんがおいでにならなければ交渉に応じないという文面はどこにもなかったわけであります。従って、大臣が言われたように、そういう電報があれば出しますという条件を満たされなかったことも事実であります。ただ、先ほどから申し上げましたように、大臣とされ、またわれわれといたしましては、この際、もしそういうことが言いがかりになって引揚げに支障を来すようなことになってはおもしろくないという考えが一つありましたし、それから、輿論に耳を傾けたことも事実であります。輿論というものは、申し上げるまでもないことですが、必ずしも統計的に現われるものでもないわけであります。新聞に出たようなものも一つの輿論であります。関係者が口頭で言って来たのも一つの輿論であります。外務省に面接手紙をよこされるのも輿論の一つであります。こういう輿論は、私は公平に見て、高良さんに旅券を出せという輿論と、高良さんに絶対出すなという輿論が、相半ばしたと思います。かかるが故に、大臣としては慎重に構えざるを得なかったと思います。ですから、輿論が決定的であれば、大臣もおそらく、民主主義の国ですから、これに従うのが当然だと思います。しかし、今言ったように、輿論が半ばしたので、さてどうするかという問題で時間がかかったというのがほんとうであります。

従って、外務省に対する御批判の点は御批判の点として拝聴いたしますが、あの際、われわれとしては、旅券を出すか出さないかという点については最後まで考えざるを得なかった。そうして最後の段階に、出した方が、念には念を入れるという点でよかろうということで、お出ししたのが実際でございます。

堤ツルヨ委員…私は高良さんに旅券をお出しになった政府が、そういう理由があるのならば、初めから高良さんを加えた方が、引揚者の交渉はうまく行くであろうということは、これは常識でわかっておった。従って、中途でそうしたお考えをお持ちになったのは、これは外務省としては非常に先の見通しがきかなかったということになるかと思います。われわれの常識で考えてみても、初めから高良さんがおいでになった方がうまく行くであろう、李徳全女史との関係から見ても、うまく行くであろうということがわかり切っておったにもかかわらず、初め非常に強硬であった外務省の態度というものは、過般の会議に出席された高良さんの反政府的な態度に対して多分に感情的になっておられたものが煙っておって、こうした高良旅券の失敗になったものと思っております。

今は故人になられました鳥居龍蔵博士が帰っておいでになりまして、この海外同胞引揚促進委員会に参考人としてお出ましになりましたときに、日本政府のような行き方でやっておったならば、おそらく同胞は帰れまいというところの御忠告のあったことは、まだ記憶に新たなところでございます。このたびの問題といい、鳥居さんのお言葉といい、また日本政府の外交施策といい、あれやこれやを思い合せますときに、私は、日本政府を相手にせずといった結果が生れて来たのも、むべなるかなと思うのでございまして、私は、アメリカ一辺倒であるところの現吉田内閣の外交政策が引揚げを阻害しておるというところの自己批判なり御反省を願って、慎重な今後の具体的な促進の手を政府みずからがお打ちになる責任があると思いますので、わが党の立場といたしまして、これは十分主張しておきたいと存ずるのでございます。

廖承志団長との会談

二月一〇日午後六時、廖承志氏来訪。北京飯店応接室にて、

廖　…北京の生活と気候に馴れられましたか。もう立春も近いので、北京の一番寒い気候は過ぎたでしょう。意見交換の会は一、二日中に開く予定です。時間はいずれ伍さんからお伝えします。

平野…他の代表団の人びとにも、お目にかかりたい。

高良…資料は入手された？　研究中です。

高良…船の改造に時間がかかる。一ヶ月かかる。

廖　…第一回のときはどれほど入れますか？

島津…改造すれば一七〇〇名（高砂丸）、今は九〇〇名。

廖　…今は海を渡るのに寒い。甲板では寒い。三四〇〇名（二隻でやれば興安丸もだす）＋八〇〇＝四二〇〇名×一ヶ月二回半。

島・廖…すし詰めではない？　三〇〇〇名入ればすし詰め。船底にごろ寝？

高良…船底は貨荷物です。

高良…手荷物如何で改造を決める。半頓か一頓か、手荷物を水線以下に、これらはこれから相談する。

平野…後、集結具合によって、船の動き方を決める。

島津…一日港にいて、一ヶ月に二回半。一七〇〇名を港に集めるのがむずかしいがお願いする。

廖　…今は具体的なことは考えられないが、努力しましょう。会談のとき解決出来るでしょう。なるたけ早く解決しましょう。

高良…四月中に帰れれば中学入学出来る。

平野…港を指定していただき、上海だけなら小さい船を送る。

廖　…私の覚えた所では長崎↓上海まで二四時間でした。

島津…今は速力がおそい。高速度の船はほとんど沈めました。

高良…戦争で馬鹿なことをしたものです。大洋丸、春洋丸も。

島津…日本の港は舞鶴になっている。一回三〇〇〇人収容。

廖　…中国から四日ですね。

島津…残っているのは氷川丸だけ。平安丸。

廖　…改装と出発どのくらいかかるか。一ヶ月。

高良…帰れさえすれば安心するからそんなにいそがないと言う人もあるが、船のことだけは打電していそがせたい。

廖　…日本に帰りたい人には出来るだけ便宜を図って上げましょう。こんな問題については皆さん心配しないでよろしい。会談のときよく相談しましょう。意見があれば、具体的にまとめて出して下さい。

平野…伍さんから、すぐ知らせます。二、三日うちに。他の代表もこの次の会談には出して欲しい。
　階下まで見送る。
高良…日本では会談の様子を見たい人びとがたくさん待っているから、フィルムに取らせて欲しい。
廖　…それも研究しましょう。

（『高良とみの生と著作〈第6巻〉』）

二月一一日、電報第四号

――二月三日双方の代表は中国紅十字会本部で会見、意見を交換、その際当方は主要諸問題につき大体の意見を述べた。その後非公式会談を継続している。九日及び一〇日はじめて旅行から帰った中国紅十字首席代表と会見した。今後会談は促進される見込み。当地滞在は延期される予定。

二月一四日、西園寺公一氏が来訪。劉寧一《りゅうねいいち》（中華全国総工会主席）氏が「帰国邦人の中には進歩も退歩も中国の悪口言う人もあっても、それでよいので、日本人民の要望に少しでも沿えばよいから、何も代わりに期待しない」と言ったとのこと。

（『高良とみの生と著作〈第6巻〉』）

第六章　第一回正式会談

二月一五日、「第一回正式会談」はじまる。

――ようやく、第一回の会談が開かれるようになったのは、二月一五日であった。会場は、新築の中国紅十字会本部の二階講堂。ステージには大赤十字旗が掲げられ、壁の飾り電灯にも、赤十字の小旗があしらわれていた。中央に大テーブルが置かれ、廖首席代表は、大赤十字旗を背にし、私は廖氏と向かい合い、代表団はそれぞれの団長の左に居流れた。廖氏のあいさつが始まったとき、私は、遠い道を歩いてきた感慨に、からだがかすかに震えるのを感じた。

（島津忠承著『人道の旗のもとに』講談社、一九六五年）

廖承志団長のあいさつ

まず初めに、中国側の団長・廖承志氏の挨拶から会談は始まった。

――日本側代表団長、代表諸先生のみなさん

七名の代表のみなさんは日本赤十字社、日本平和連絡会、日中友好協会の三団体を代表して、中国紅十字会とのあいだで、帰国を希望する在留日本人の船舶派遣の手続きおよびその他のさまざまな具体的問題への援助について話し合うために、北京を訪問されました。私は中国紅十字会を代表して歓迎の意を表します。

日本軍国主義政府の過去八年の中国侵略戦争は、わが国の人民に対し、忘れることのできない災害をもたらし、その結果は日本人民にたいして、さらにいまだに抜け出すことのできない多くの苦難をもたらしています。

現在、日本の吉田政府は、日本軍国主義を復活させようとしており、アメリカ帝国主義の意向に沿って、全中国人民が一致して唾棄する台湾の蒋介石反動残存集団とのあいだでいわゆる「中日平和条約」をむすび、中華人民共和国を敵視し、今日にいたるまで、中日両国の戦争状態はいまなお終結しておらず、極東および世界の平和をおびやかしています。これらすべては、中国人民が断固反対するものであります。

しかしわれわれは、中日両国人民は平和を愛し、相互の友好を願っていると信じています。われわれは日本人民が今日置かれている境遇および独立、民主、平和をかちとるために奮闘している努力に共感をおぼえています。

日本人民のこのような努力は、多くの事実が示しているとおりです。したがって、われわれは平和を愛好するすべての日本人民を自分たちの友人とみなし、彼らを吉田政府とは分けて考えています。

中国大陸の解放後、中国に残留し法律を守る在留日本人は、わが国の人民政府の保護を受けていました。彼らは平和な生活をおくり、日本国内と自由に手紙のやりとりができ、中国人民の生活が日増しに改善されるのにともない、彼らの収入もしだいに増加しています。彼らは国内に為替送金し、日本にいる家族の面倒をみることができます。わが国人民政府は、帰国を希望するすべての在留日本人の帰国を援助し、残留を希望するすべての在留日本人は、彼らが中国人民政府の法令を守りさえすれば、わが国政府は許可を与えてきました。実際には、中華人民共和国成立以来、すでに多くの在留日本人が帰国しています。しかし、その後、船舶の不足により、困難に遭遇しました。われわれはアメリカ帝国主義と吉田政府の封鎖と妨害がなければ、帰国を希望するすべての在留日本人はとっくに帰国の機会をえていたであろうと信じています。

今回、中国紅十字会が貴代表団の北京訪問を歓迎したのは、まさに船舶手続きの解決を協議し、帰国を希望する在留日本人が帰国できるように積極的に援助し、これと関連するさまざまな具体的問題をできるだけ解決するためであります。これはわが国の中央人民政府の関係部門が一九五二年十二月一日、新華社記者に発表した談話ではっきりと説明しています。しかし、日本からの報道によれば、日本国内には、帰国を希望する在留日本人の帰国へのわれわれの援助を「送還」という人がいるようです。これはまちがっており、事実に合いません。周知の通り、送還とは戦争の捕虜に対してのみ起こる問題であります。中国にいるすべての日本人戦争捕虜は、蒋介石、閻錫山《えんしゃくざん》集団に拘留されている少数の人以外は、中華人民共和国成立前にすべて送還が完了しています。したがって、現在中国にいる日本人は少数の戦犯のほか在留者であり、いわゆる「送還」の問題など起こるはずがありません。少数の戦犯の処理はわが国政府側の問題であります。

われわれが現在すすめているのは帰国を希望する在留日本人の日本への帰国を援助することであって、けっして「送還」ではありません。「送還」という誤った言い方が生まれた一つの原因は誤解によるもので、こうした人については状況を説明すればはっきりするはずです。もう一つの原因は、悪意をもって事実を歪曲し、中日人民の友好を挑発し破壊しようとするものであります。こうした人にたいしては、これを暴露し、非難する必要があります。これは中日人民の友好を増進するであります。

つぎに、在留日本人の帰国準備援助の状況と若干の具体的問題についてお話ししたいと思います。

中央人民政府の関係部門が一九五二年十二月一日、新華社記者に発表した談話は全国各地の新聞に掲載され、中国語と日本語で放送されました。われわれは中国各地の在留日本人がすでにこの談話を見ているか聞いているものと信じています。われわれは帰国を望むすべての在留日本人の日本への帰国を援助したいと思っています。

現在中国にいる在留日本人はおよそ三万人前後です。各地の関係部門は目下、在留日本人の帰国申請を処理し、一般の外国人居留民が出国を申請する方法に基づいて手続きを行っています。われわれはわが国政府に申請し、天津、秦皇島《しんのうとう》、上海の三地点を在留日本人の出国港として使用する批准を受け、毎回三千人から五千人を集めて同時にこの三つの港から出発する準備をしました。もし貴代表団から適宜船舶を派遣するとの保証を得られれば、第一回は三月中に出発する運びであります。毎回どれくらいの人が帰国でき、前後の間隔がどれくらいの日数になるかについては、一方で在留日本人の申請状況によるのはもとよりですが、一方では貴代表団の船舶準備の状況によって決まります。われわれの考えでは、多くの在留日本人が帰国を希望していますが、急いで帰国しようと思っていない人もいるし、いまはまだ帰国を望まない人もいます。しかし、時期が経てば帰国を希望するかも知れないので、われわれは現在、帰国を希望する在留日本人の最終的な帰国期限を機械的に規定できません。ただ、たとえば、今年の夏の終わり頃までにといった具合に、多数の在留日本人が帰国する期限を、大まかに協議したいと思います。多数の在留日本人の帰国が完了したあとも、個々に帰国を希望する在留日本人がいるでしょう。そのときには、あなたがたと連絡を取り合って、随時彼らの帰国を援助したいと思っています。

在留日本人が出国時に携帯する物品は、わが国政府の規定する輸出禁止品および禁制品以外は、在留日本人個人に属するものは規定に基づき通関手続きのあとに持ち帰って良く、制限を加えません。このほか、中国紅十字会は在留日本人の困難に配慮し、彼らそれぞれの場所から集まってから乗船するまでの費用の面で解決に力を貸したいと思います。

今日話したいことは以上です。貴代表団になにかご意見があれば、出してください。

（『廖承志文集（上）』徳間書店、一九九三年）

日本側、中国の旅費負担に感動する

島津忠承団長の挨拶が、日中友好協会の機関紙『日本と中国』に紹介されている。

――わたしは中国赤十字社が帰国者を援助される真の人道主義に対して心から感謝します。日本が中国に対して行った戦争は中国人民に大きな損害を与えました。わたしはこれを思いおこすとき、慚愧の念にかられます。中国側は日本居留民が帰国にあたって私有物を持ち帰ることに同意され、なお乗船地までの旅費を援助されると申されましたが、これは日中両国民の友好を促進するのでありましょう。

（『日本と中国』一九五三年三月五日）

また、高良とみも、

――島津団長も信ずることが出来なかった。「紅十字会は日僑が集中を始めてから船に乗るまでの費用を援助して解決を図りたいと思っている（それは用意があるという意味）」。島津団長も信ずることが出来ないと言われるくらい、あまりにも親切で信ずることが出来なかった。日本民族は親切にされれば、忘れる民族でないことを申し上げておく。日本人は黒龍江省や遠距離から集まるとき日本政府に支払えという要望があったのに紅十字会が、中国政府の仕事の他に積極的に援助されることは感謝感激に堪えない。感謝と共に左様に諒解して間違いないか。

（『高良とみの生と著作〈第6巻〉』）

『永遠の隣人』に高良とみの感動を載せている。

――廖団長がお話しの中で「帰国する日本人が船に乗るまでの一切の費用は、中国紅十字会が援助する用意がある」とおっしゃったことに、島津先生と私は非常に感激しております。信じられないほどです。

会談が終わったのち、日本の代表メンバーは「問題は解決する」「中国は大国の風格を持っている」と思ったという。

日本三団体代表団と協議している期間中、残留日本人帰国援助業務を急ぐよう緊急指示を出した。「各級政府は指導を強化し、幹部を速やかに配置し、内部組織を健全にして、各地の残留日本人事務委員会が種々の準備業務を速やかに行うよう促し、いい加減な仕事や各種の偏りの発生を防止せよ」。各地の残留日本人事務委員会は政務院の緊急指示を受けた後、これまで築いた基盤の上に更に力を入れた。日本人が居る職場や町内、農村では様々な方法で帰国する日本人のために、財産や債務処理の支援、帰国する日本人のための衣服や生活用品の調達、一定の援助金の支給など、各種の困難を解決した。

（孫東民主編『永遠の隣人』日本僑報社）

廖承志団長…この次から具体的問題について、岩村さんと孫さん（孫平化？）とで進めましょう。

（『高良とみの生と著作〈第6巻〉』）

ＮＨＫ外信部から島津団長へ電報あり、

「NHK職員乗船の政府了解を得たから中国側の承認を得る交渉ありたし」（領海内入港許可）

国会で、代表団による状況説明

衆議院引揚特別委員会（三月一二日）で、中山マサ議員からの質問で、工藤氏が中国側代表の詳細をのべている。

——それでは、こちら側がどういうように分担したかということ、それから先方の代表団の組織ということについて、簡単に御報告いたします。

先方の代表団長は廖承志氏という方でございまして、中国の紅十字会の顧問であります。それから、次席の代表は伍雲甫という中国紅十字会の常務理事の方でございます。第三席の方は趙安博という方でありまして、中国紅十字会の顧問、元瀋陽で日僑管理委員会の副委員長をやっておられた方で、日本人の状態について最も詳しい資料を持っておられた方のようであります。それから、第四番目の人は林士笑という中国紅十字会本部の人でありまして、お医者さんであります。五番目の人は、新聞に出ていますから御存じでしょうが、倪斐君という御婦人で、やはりお医者さんであります。それから最後の方は紀鋒という外事部長兼副秘処長というような方でありまして、いずれも紅十字会の本来の人でありました。趙安博という人と廖承志さんは、本来紅十字会の人ではないのですが、日僑の帰国問題についての政策とか、あるいは実際問題に対するエキスパートとして最も高い地位にあられた方のように思います。

それからわれわれの方は、今回の会談の内容を三つにわけまして、まず第一の問題は帰国する人の範囲の問題であります。第二は配船の問題、それから第三番は経済問題、すなわち在留民が帰るにあたって経済的に苦労がないように何とか仕向けたい、そういう問題について中国紅十字会と交渉し、あるいは先方の意向を承る、こういうような経済問題であります。それから第四番目は、今回の交渉の範囲内には入らないけれども、関係のある事項、いわゆるその他に当る問題でありますが、この四問題にわけまして、それぞれ代表間（ママ）に担当をきめて、専門的にこの問題を研究しまして、各項目ごとに先方にわれわれの希望なり、あるいはわれわれの考え方、意向、あるいは先方に対する質問、こういう条項をまとめまして、一々先方に書きもので出すわけであります。これに対して先方は各項目ごとに答えてくれました。

それから、先方は回答の必要なしと認めたものは回答して来ない。回答して来ないものについてはさらにこちらが質問する。それでも回答しないような点は、結局回答の意思なきものとして、われわれはこれを了承せざるを得ないのであります。なお、第四項目の諸問題の項につきましては、本来はそうであるけれども、とにかく日本国民の要望事項であるから、われわれは国民代表としてこれを黙って取次がないというわけに行かない。すなわち戦犯問題であるとか、あるいは多数の消息不明者の問題であるとか、あるいは抑留されておる漁夫の問題とかを……。

第一回会談の詳細を日本へ報告する

二月一六日、電報第五号

——旧暦新年休暇にも拘わらず、一五日第一回公式会談を開催、首席代表廖氏が開会の辞を述べ、左の主要諸点を明らかにした。

第一、今回の協議は日本人の帰国を希望する在華日本人を援助するためのものであって、いわゆる引き揚げのためではない。日本の報道に一般に使われている引き揚げという言葉は適当でない。帰国という言葉を使うべきである。

第二、日本人の乗船港は天津、秦皇島及び上海とする。三〇〇〇ないし五〇〇〇の帰国者をこれらの三つの港から同時に送還することができる。もし日本側が帰国船到着の日時を保証するならば、第一回の帰国船は三月中に出航することも可能である。帰国完了に要する期間は帰国申請の進捗及び日本側の配船準備次第である。現在帰国を希望せず、将来帰国を希望するかも知れぬ日本人については、今最後の帰国船の出発日を定めることは出来ないが、集団帰国については完了の月日を、たとえば本年夏の終わりまでというように協議することとしたい。集団帰国後、個別的に帰国すべき日本人について、中国側は日本側と連絡を保ってその帰国を援助するつもりである。

第三、帰国者が持参する私有物については輸出禁止品を除いて何の制限もしない。

第四、帰国者の遭遇することあるべき経済的困難については、中国紅十字会は乗船地までの旅費問題解決につき帰国者を援助する用意がある。

詳細は数日中に協議の予定。

二月一七日、日中友好協会、総評、仏教界、日本赤十字社と協力して「中国人俘虜殉難者慰霊実行委員会（委員長・大谷瑩潤師）結成。

二月一七日、電報第六号

――中国側は三方より合わせて三〇〇〇ないし五〇〇〇の帰国者を一度に送還できる旨及び第一船は三月中にも出港できる旨言明した。代表団は目下帰国に関する全条項につき交渉を進めているが、代表団として中国側に対し、三月中に高砂丸及び興安丸の二船をもって三港のうち二港から三〇〇〇人の帰国者を輸送する旨通告したい。よって準備を開始され、船の中国へ到着できる日付を返電されたい。

二月一九日、東京放送…北京からの電報に基づき外務、運輸、援護庁打ち合わせをし（米側へも通知）、三月一五日に高砂丸、必要なら白竜丸（五〇〇人）一九日に興安丸を出すことが可能だと北京へ打電したと、8PM東京放送。

（『高良とみの生と著作〈第6巻〉』）

第七章　第二回正式会談

二月二〇日、第二回正式会談（一〇時三〇分～、於中国紅十字会）

第二回会談の詳しいやりとりが『高良とみの生と著作〈第6巻〉』に記録されている。

伍　…具体問題に入りたい。

廖　…討論問題は二題ある。

(1)来船問題、三月一五日～二〇日第一回来船。

(2)紅十字会が経済援助。

第一回来船三月一五日～二〇日

西方面の実情から、帰国を希望する日僑の希望により、三月一五日～二〇日に来航するように到着する。

高砂丸は一五日出発、一九日到着。

興安丸は一九日出発、二三日入港。

白竜丸は一五日出発、一九日入港出来る。

畑中…三団体連絡事務局から関係当局へ打ち合わせた。興安丸も二〇日まで技術的に入港出来るか問い合わす。

廖　…一五～二〇、上海、天津、秦皇島で準備が終わる。

一五～二〇までに秦皇島…帰国者二〇〇〇人（大型）、上海…帰国者一五〇〇～二〇〇〇人（大型）、天津…帰国者一〇〇〇人（小型二個）。

港に集中してから船が来ないと困る。

興安丸二〇〇〇人秦皇島二〇日前に入港要あり。

高砂丸一五〇〇人上海へ。

白竜丸と白雲丸一〇〇〇人天津へ。計四五〇〇人。四船必要である。

畑中…予想は秦皇島と天津多く高砂、興安を、上海は白竜とし、最大数三〇〇〇～五〇〇〇人に予測の違いがあったのであろう。

廖　…準備工作を急いで、日僑を助けてあげたいから。上海、秦皇島は問題ない。天津一〇〇〇人如何に？

畑中…興安丸の入港二〇日を少し後れては如何？　白雲丸は他航路に就航中で回船困難。

廖　…出来るだけ早く、帰国する日僑を助け集結したい。誠意はこれらの準備の上に表れている。今度日僑帰国については米国も、われわれと友好しない方面に協力しない（ママ）のだという報道があった。一五～二〇日と決めたのも、われわれの果たすべき任務をすべきだと思う。単に技術問題で支障を来してはいけない。技術問題も努力して、協力しましょう。

二〇日前に入港するよう代表団の協力願いたい。天津も。秦皇島の期日は早めて欲しい。高砂丸は吃水《きっすい》七メートル、一九日上海につくことは間違いない？

興安丸は二〇日前、出来るだけ短縮されたい。互いに連絡をとって短縮したい。秦皇島に来よ。

天津＝一〇〇〇名入れる船があれば解消する。天津は大沽港《ターク―》をいうか。大沽は天津市内。高砂丸七米、興安丸□□、白竜五・五〇、白雲四・五。

岸壁横付け？　はしけ？　停泊法は研究する。婦人子供も便利ゆえ、小型船の方可。気候も寒く風も強いから。

畑中…三港から日次どのくらい人数、回数？

廖　…どのくらい回数配船出来る？

畑中…月二航海半なら無理がある。月二航海四船なら三ヶ月～四ヶ月で三万人終わる。

〈配船輸送計画〉

廖　…①毎回四船、②月二回往来可能、③毎回三〇〇〇人、四五〇〇人、五〇〇〇人、④三月二〇日から三ヶ月で三万人運ぶことが出来る。

畑中…①集結完了していること。②毎回満船にする。③風雲等気象に支障なきことを条件とする。

廖　…第一回の帰国日僑を如何に集めるか。日僑の申し込みを見なければならぬ。第二回は相談。

畑中…四船同時舞鶴入港すると世話不充分。四、五日間隔を置いて配船・出港させたい。
廖　…中国からは同時に出ても日本着は同時にならぬと思えるが？

〈経済問題〉

第三は紅十字会が日僑を助ける経済問題、集中住所を離れてから乗船するまでの費用
　①食事費、②宿泊費、③旅費、④荷物費（五〇キロ以内）、五〇以上は自弁（禁止品以外）
工藤…集団輸送であるか？　個別帰国のも同様。荷物を船に積み込む費用も紅十字会もち？

〈船舶出入港管理法〉

船舶の守るべき規定を申し上げる。
(1)日本船舶は指定日、指定港へ、中国紅十字会の指定に基づいて到着するを要する。
(2)日本船舶は船名、国籍、総屯、船の長さ、水、船長、船員氏名と国籍、特色、収容船客数、出発港の名と時間、到着港の名を中国紅十字会に電報通知をうけてから出発すべし。
(3)出発前に到着港（中国側外国船代理公司）、出港時間と船舶標識を電報をもって通知するを要する。
(4)出港後は絶えず、到着港に対し到着するまで緯度（中断）

万国船舶記号を使用する。

(5) 指定された港に直航し、沿岸一五哩（マイル）に沿って航行せず、いかなる港にも寄港出来ない。

4（ママ）、一五ノット以内に入ったときは必要とあれば、救助。中国国旗をかかげる他いかなる国旗をもかかげるを得ず。

5（ママ）、いかなる武器、レーダー、映写機、望遠鏡を設備携帯してはならない。港内へ入ったら、封印。

(6) 前掲の封印を解いて使用することを得ず。

(7) 港に到着後、規定通りの税金。

(8) 日本船舶は＄七〇〇〇又はポンドを三日前に預託しておくこと。（為替）外貨は通用しない。中国政府と日本政府との戦争状態は終結していない。日本政府役人が、船で港に入ることは想像することも出来ない。

(9) 海（ママ）

(10) 日本の船員は上陸することは出来ない。当該政府に申請し許可されて、後初めて可能。

(11) 質問等は中国文をもってする。

(12) 検疫手続きを行うものとする（規定に従い）。

(13) 日本船は代理公司を通じて二通の入港許可証とする。外国船舶停泊許可。

水先案内派遣申請をし許可されて水先案内が派遣され、導入されて入港する。

(14) 入港後二四時間、外港四八時間以内に港務機関に船舶国籍証書、船員名簿、航海日誌、貨幣金銀一覧表。

(15) 許可なくして移動することは出来ない。

(16) 出港前、〝旅客名簿〟を提出し代理公司と船長は共に出頭し、(ママ)
(17) 以上の規定に違反することは出来ない。

日本人民はわれわれの友達である。日本政府と人民とは区別した。赤十字会、平和連絡会、日中友好協会から、こちらに連絡してこちらに来て日僑に対して世話することは異見はない。


工藤…報道員数名を乗船せしめることは如何？　新聞班、写真班？

　貴方七名代表は別として、規定八の通り他の旅客は乗船せしめ得ぬ。

中村…代理公司の数はいくつか（天津、秦皇島に各あり）、供託金は船長持参してよいか。

（『高良とみの生と著作〈第6巻〉』）

国会で、代表団による状況説明

衆議院引揚特別委員会（三月一二日）で中山マサ議員が下記の質問をしている。

――三団体の代表の乗船については、外務省は黙認することになったという発表を聞いておりますが、初め報道されましたときには、中共からの申入れとしては、乗船することができる、これは多分英語の方がこの問題がはっきりすると思いますが、「メイ」――してもよろしいという許可の意味であったと私は思っておりましたのに、その後だんだんとこれがかわって参りまして、今日では、乗船せねばならぬ、「メイ」が「マスト」にかわったように思っておるのでございますが、この問題につきまして、いろいろと新聞なんかを見ておりますと、どの新聞でございましたか、畑中氏から阿部氏に対して、外務省へこの問題で交渉する手をゆるめるな、そのうちにはよいニュースを送るからというような私信があったようにも私は聞いておりますので、この点は、これがほんとうに中共の意思であったか、あるいは畑中氏などの御活躍の結果ではなかったのかしらと私は考えておるような次第でございます。こういうふうにいたしまして、三団体がお乗りになるといたしましても、この責任をその団体はとってくださるのかどうか。……

畑中政春…ただいまの問題は、前半におきましては配船の問題と関連しておりまして、実は、私が配船の委員会に関係しまして、配船の問題をもっぱら担当しておりました関係上、私から御答弁を申し上げます。

実は、中山さんが言われました三団体乗船の問題の発端と申しますか、これは、いろいろな諸問題につきまして、われわれの意見を具体的に提出することをわれわれで決定いたしまして、そうして配船の問題であるとか、帰国者の範囲の問題とか、あるいは経済の問題などを十分に討論いたしまして、われわれの要求するところを文書にして一応中国側に提示したのでございます。その配船の問題の中で、こういうことをわれわれは最初に中国側に申し入れました。日本政府は、その機関である引揚援護庁から日本人の帰還手続を援助する職員若干名を乗船させ、日本上陸後の諸手続の説明並びに復員手続の一部を行わせたい希望を持っている、なお法務省から入国審査官若干名を乗船させ、出入国管理令に基く帰国査証を行いたい希望を持っておるのであるということを、実は文書をもって向うに申し入れた。

これに対する回答は、第二回の正式会談におきまして、中国側は、中国領海に出入する日本船舶のために特に設けた規則、この規則を廖団長から逐条説明する段にあたりまして――その第八条にはこういうことが書いてあります。日本側船舶はわが国の事前の許可なくしてはいかなる旅客も乗船させることはできないということが書いてあるのであります。これを説明するときにあたりまして、わが方からさきに提出したところのその資料、つまり帰還手続等のための援護庁職員、あるいは法務省から入国審査官を、日本人であるというただそのことを確認するために乗せたいという希望を持っておるというわれわれの申入れに対しまして、この第八条の関連事項として言及し、諸君の方からすでに、日本政府からこのような希望があるという申入れを受けておるが、われわれは、今日の日中両国の関係において、日本政府の職員が中国の領海に船に乗って入るというがごときことは想像だにすることもできない、――そのときの廖団長の顔色はすでに相当緊張しておったと私は思うのであります。想像だにすることもできない、こういうように廖団長は言ったのでございます。

そこで私は、それでは政府の職員についての貴方の意見はそれでよくわかった、それならば、われわれ三団体の代表がここに交渉に来ておる、その三団体の代表者がやはり船に乗って中国の港に入って来るということについてはいかなる意見を持たれるかということを、参考のために私は即座に実は質問をいたしました。そうして私は、その前にこういうことを言った。このお答えは実は今お聞きしなくてもよろしい。なお御討議の上でお聞きしてもさしつかえはございませんがということを私は前置きした。しかしながら廖団長は即座に、それは皆さんと一緒にこうして会議を開いておるのだ、皆さんと配船その他の問題を討議しておるのだから、皆さんの代表が中国の領海においでになるということに何の異存もないということを即座に答えたのであります。そのときは、それをもってこの問題は終りました。

ところが、その後実際に、日本の船が入って来て日本に帰国する者をどういうふうにして乗せて行くかというような技術的な問題をいろいろ研究討議する過程の中において、中国側は、どうしても三団体の代表者が来てもらわなければならないと信ずるに至ったものだと、私は考えておるのであります。

というのは、この問題の次の回から、いわゆる乗客者名簿をどういうようにしてつくるかという技術的な問題の討議に入りました。そのときに、すでに出入国管理の特別規則にもありますように、日本の船員は上陸することができない、上陸しないで、さてどうして帰国者の人たちの名簿を作成するかというような技術的問題から始まって、どうして船に順調に乗せる作業ができるだろうかという研究を、そのときに中国側で始めたものと思うのであります。そのときに、中国側では、どうしてもこれは三団体の代表に来てもらって、そしてこの人に上陸してもらって、日本に帰る邦人に会って、そしてその人たちの身元など、よく資料をつかんで船に帰って、船長が乗客名簿をつくるという、この手続をとる以外に道はないと中国側は断定したものと私は想像しておるのであります。

その結果、第四回の最終回に至りまして、中国側はこの諸手続きを詳細にわれわれに示しました。つまり中国側は、日本人を何か一まとめにしてこれを日本側にすぽっと引渡すというような考え方は全然とらない。——中国側では、日本人が抑留者というものではないという観念に立っております。自由に帰国をする、自由に申し出て自由に帰国をする、そういう人たちであるから、それを何か中国の機関が一まとめにして、そしてそれの書類を一括してつくって、それをすぽっと日本側に渡すというような考え方は正しくないという見地に立っておりますので、中国側が乗客名簿をつくるということはその原則に反する。

しかしながら、そうかといって、日本側が乗船名簿をつくるのに何か手伝いをしてやらなければいかぬということから、日本人の帰国者がだんだん港に入りますと、その人たちが宿泊する一つの施設を港につくりまして、そこで中国紅十字会と、それから日本船舶のエージェンシーである中国外国船代理公司というものがお世話をして、そして姓名と年齢と性と原籍地と現住所、それから中国に来る前の住所を書く表をそこでみなに渡しまして、それに記入させる。そこで三団体の人が上陸して来まして、その紙きれをみなから集めるわけであります。その集めるところの仕事は、もちろん好意的に向う側が助けてくれる。そしてその紙きれを持って船に来て、船長に渡して、船長がここで初めて乗船者の名簿をつくるという手続を明確に規定したのであります。

従って、中国側が最初に三団体が乗船してもさしつかえないということを言ったのは、今申しましたように、日本政府の職員が乗ることは想像だにできないということを向うが言ったとたんに、私がぱっと質問したとき、それはもちろんかまわないと言ったけれども、そのときには、どういうぐあいに乗船して、どういうぐあいに日本人を送り出して行くかという諸手続については、まだ中国側は十分に検討してなかったと私は想像しておる。その後、今言うような過程を通じて、どうしても三団体が乗らなければならぬという結論に向うは達したものと思うのであります。

従ってこれは、中山さんのお言葉によりますと、何か私のえらい尽力によってなったようでございますが、それならばまことに私は光栄でございますけれども、なかなか私のごとき者でそういう大きな問題を動かすということは容易ではないのであります。

また阿部さんの方に、この三団体が乗る計画は続行しろ、いいニュースが来るだろうというようなことの書信があったとのことでございますが、これは確かに打ちました。しかしそれは、こちらの方で三団体を乗せるという問題について今政府と全力をあげて交渉中であるということの電報をわれわれが受取っておるのでございます。そのことにつきましては、私は賛意を表しました。国内連絡事務所において諸般の情勢を検討してそういう運動をしておられるということはいいことだと私は信じたのであります。だから、それはお続けなさい、そしてそのような努力を続けるならば、必ずや天は助けるであろう、必ずグッド・ニュースがメイ・エキスペクト――かもしれないということを申し上げたのであります。ユー・メイ・エキスペクト・グッド・ニュース――あなたにそういういいニュースが来るかもしれないと私は申し上げておるのであって、けさの一新聞では、私が何かやって、そういうことになったというような話でございますけれども、決してそんななまやさしいものではございません。その点は十分御了察を願っておきます。……

郭沫若の招待宴

高良とみの日記によると、この日（二月二〇日）の夜は、郭沫若（政務院副総理）氏の招待宴があったようだ。郭沫若は古くからの内山完造の老朋友であった。『内山完造伝』には、

――郭沫若主催の晩餐会の招待に「内山先生は三十分前においで下さい」とある。平和大楼の一室で十年ぶりの握手。握手したまま、抱えるようにされたまま、昔話がつづく、時間がたつ。隣には廖承志、劉寧一、劉貫一、孫平化らの旧友がまっていた。

日本での受け入れ準備が進む

二月二〇日付『日本と中国』によると、各自治体や労働組合では帰国者支援の輪が拡がりつつあり、その一部を紹介しよう。

京都に「帰国推進相談所」開設。日中友好協会京都本部では去る二十九日五十名の組織拡充委員会を開き、

事務局長に山田孝次郎氏（元市労連委員長）を決定。専任事務局員を三人に増し、京都及び舞鶴に帰国推進相談所を開設し、活発な活動を展開した。

「福岡県杉本知事、帰国対策で協会に協力」

帰国問題について日中友好協会県連の申し入れに、杉本県知事は日赤支部長として協力することを了解した。

「総評、総工会へメッセージ」

総評ではさきに帰国打合代表団の工作員として中国に渡った日教組の平垣三代司氏に託して、中国の総工会宛に要旨つぎのようなメッセージを送った。

一、貴国政府が在華日本人の帰国に当たって誠意を持って日本代表を招請されたことに深く感謝します。（中略）

今後の在華日本人帰国推進について、国民団体の間から代表を派遣する事が出来たということも、二つの国民の間の障害を突破する現実的な事件である。

わが総評は日本の労働階級を代表して中国総工会の同志諸君と固く提携しアジアの悲惨な労働者生活を改善するために闘うことを願うものである。

また、留守家族への連絡も掲載されていた。

「中国からの送金を受けているご家族の方へ」

中国からの送金について、送金受け取り家族の方々より、民主新聞社発行の「臨時送金証明書」が送られてきておりますが、それは、万一受取人を指定した民主新聞社からの名簿が協会未着の場合を考えて発行されたものですからお手元に保存しておいて下さい。

只今十一月分（第九回）まで渡し済みとなりました（二月十三日現在）、十二月分（第十回）以降は名簿も金もまだ協会に到着しておりません。つき次第お送り致します。

なお九回分は、第七、八回の名簿が後れて到着したので送金が遅くなった次第です。

（日中友好協会　送金係）

第二回会談の詳細を日本へ報告する

二月二一日、電報第七号

――第二回公式会談は二〇日おこなわれ、その会談では原則的に船舶問題が討議された。その詳細については電報第八号を参照されたい。中国側では帰国を熱望する日本国民及びその留守家族を満足させたいため、一刻も速やかに希望者を送り帰そうと願っている。ついてはそちらでも中国側の提案を受け入れるよう最善をつくしていただきたい。この会談中中国代表団長は、日本船舶が中国の港湾の出入にあたって守るべき規則と手続きを朗読した。そのテクストは直ちに航空便で発送する。なお団長は左記の説明を試みた。

第一、中国と日本政府の間にはいまなお戦争状態が存在しているから、日本政府職員が前記船舶に乗り、中国港湾に入ることは全く問題にならない。

第二、日本赤十字社、日中友好協会、日本平和連絡委員会は、帰国する日本人を世話するためその代表を乗船させることができる。しかしその他の乗船者はいっさい許可されないだろう。

当方電報第五号の最後の項目について中国紅十字会は全日本人帰国者に対し、その現住所から乗船地までの食費、宿泊費、旅費及び五〇キログラムまでの所持品の携行などの費用を支払うことを明らかにした。五〇キログラムを超えるものに対しては、これら日本人自身が支払わねばならない。

電報第八号

――二〇日の公式交渉において左の通り決定した。上海からの一〇〇〇名ないし二〇〇〇名の乗客に対しては、高砂丸、秦皇島からの二〇〇〇名の乗客に対しては興安丸、大沽を含む天津の五〇〇名の乗客に対しては白竜丸をそれぞれ配船することとして、各船は三月一五日から二〇日の間に、指定港に到着せねばならない。中国は天津に一〇〇〇名を集結する計画があるので、白竜丸及び白雲丸の二隻を天津に配船されるようにとの強い要求があった。従って白竜丸及び白雲丸あるいは一千名の収容力を持つさらに大きな船を天津に配船するよう最善の努力を払われたい。もっとも天津向けの船舶の吃水《きっすい》は五・五メートル以下でなければならない。われわれは、貴電報により船舶の到着について十分交渉したが、中国側がすでに集結を計画しているので、前述の期日は変更できない。興安丸及び天津向け船舶の最初の到着日を速やかに返電せられたい。なお三月以降の輸送計画については、われわれの熱心な要求にもかかわらず次回の会談に延期された。

電報第九号

——二〇日の会談で、中国紅十字会は報道人員の中国港湾に入ることを拒否した。右は上記の船舶には乗客を乗せることは許されないという日本船舶関係新規定によるものである。（ママ）

二月二二日、電報第一〇号

——双方代表の協議に基づき日本船が中国港湾入港に当たり守るべき規定については二一日航空便をもって発送したが、内容が重要であるから全文を電送する。その中には不明な箇所があり目下交渉中であるが、日僑（在華日本人）の帰国を援助するため、日本から来る船の守るべき事項に関する規定はつぎのとおり。

（全文省略）

第八章　第三回正式会談

二月二三日、第三回正式会談がはじまる。

引き続き、『高良とみの生と著作〈第6巻〉』を見てみよう。

〈範囲の問題〉

第一範囲、問題、家族と子供の問題である。

中日関係により正常な国籍法により解決困難であると思う。事実によって解決したいと思う。次の解決案を出したいと思う。

(1) 中国籍男性と結婚した日本女性は帰国を制止しない（もし、帰りたければ）。

(2) 日本籍の男性と結婚した中国婦人が日本に帰りたくなければ、強制しない（夫に同伴して）。

(3)上述二種類の結婚によって生まれた子供は、一六歳以上の子は帰国の意志は本人による。
(4)上述二種類の結婚によって生まれた、一六歳未満の子は〝親たちの相談〞による。
(5)孤児院にいる子供は日本帰国を阻止しない。

一六歳未満の子は少年隊にも加わる自由がある。孤児院児は皆登録をもっているから、日本に帰ることが出来る。

中国籍の子は母と一緒に帰国して日本ではどの国籍で成長するか。

国籍問題は今は問題外にしたい。

〈運輸期間〉

(1)運輸期間について

一五～二〇日第一回から第二回の間におく間隔、三〇〇〇～五〇〇〇人。

(2)第二回は四月一〇日前後始める。三港へ着。第二回は第一回が終わってからどの港にするか、通知する。上海から帰国者は減少し、天津、秦皇島は増すから、大型船を必要とするか知れぬ。第一回終わってから以後の集結具合により知らせる。日僑帰国申請事情に基づいて、一五～二〇日の間隔をおいて、ご通知する。

畑中…三〇ないし四〇日に一回で五〇〇〇人にすれば、四ヶ月すなわち、六月には輸送は終わると考えてよいか。

廖 …六月末ないし七月末頃までに終わるのではないか。三〇〇〇~五〇〇〇という点に注意。

畑中…舞鶴に同時に四隻入らぬような考慮？

廖 …港務部の人びとはそれを考慮してやるはずです。しかしあまり間をおくと後の出船に差し支えるだろう。

畑中…中国側の指定によって日本船は出港する？

廖 …港務管理部は文面のごとく書くが、紅十字と赤十字との連絡の上、出船願う。

畑中…入港後何日で日本船出港可能？

廖 …秦二〇〇〇……今から機械的に決定不能。上海一五〇〇~二〇〇〇、天津一〇〇〇。税関、水、乗船手続等三日か五日か今不明だ。不必要な日を停泊することはない。

畑中…乗船帰国邦人名簿を受け取るのは船長（輸送責任者）で差し支えないか。

廖 …一六条は船長と明らかにし、他には何の問題もない。

〈経済問題〉

現在国家の規定によると民幣は輸出禁止。アメリカ政府はわれわれに敵対している。中国の為替を凍結している。日本国内為替の事情は理解せぬが？　ドルに替えることは許さない。日僑の金は法幣（香港ドル）にかえること可能。香港と日本の間に貿易ありと考えて左様した。

工藤…限度あるか。

廖　…具体問題として取り扱う。指定した銀行のことを日僑に知らせる。彼らは当地の銀行に行って替える。居住地または出発港で引き替える。

(1) 日僑債務問題は日僑自ら解決するでしょう。

(2) 帰国する日僑と中国人との間に債務の問題があったら調節を適当に出来る。

紅十字？　これも具体的問題について考えましょう。各地域の紅十字支部または関係機関が、適当に解決出来るでしょう。

紅十字会へ依頼出来るか？

廖　…為替だけの問題なら出来るでしょう。

工藤…手続きを示されたい。孫さんと研究せよ。

廖　…香港の中国銀行を通じ為替だけなら。

〈再渡航の問題〉

(1) 中国に残りたい日僑の家族たちは普通外僑の入境。

(2) 再渡航も一般の入境と同様に扱う。

平野…扶養を要する妻子親（最近親）を含んでよいか。

廖　…一般慣例によると妻子のみ。親のことは研究します。扶養を必要とする例も研究する。外僑一般の出入国規制を示そう。

平野…中国人妻を日本に帰った夫が呼び寄せたい場合。

廖　…日本語の内縁の場合は未結婚と重婚がある。一九四九年成立後正式登録した法律婚。一九四九年以前の事実婚ゆえ、生活上解決したい。日本人会で、証明書をもらえ。範囲外である。

〈禁止品・禁制品（輸出）〉

二、三日中に細目を。

工藤…三万人はどのくらい官営事業、民営事業に。

(1) いかに従事しているか。概数を示されたい。

(2) 各地方、東北、中部、南部分布状態？

日僑帰国援助来船問題以外は日僑の中国内での状態は答えられぬ。

工藤…(3) 一般外僑帰国手続き法を頂けないか。どの機関に申請し出国出来るかを聞きたい。

廖　…日本軍国主義の犠牲になった同胞に対しては深い関心をもつ。第何回の船であるかを知らされたい。花岡以外にあるなら、他の地？　遺骨四一六　秋田県小坂：北海道炭鉱、長野県境谷事件。

平野…充分調査し、東本願寺大法要を三月二一日行う。

工藤…消息不明者、受刑者、捕虜、戦犯、特殊問題、人道問題として紅十字会？

廖　…日僑家族の範囲の問題ならば、紅十字会と赤十字会と連絡出来る。

工藤…未帰還船員、受刑者。

廖　…範囲外であるから、紅十字会では答えられぬ。

前後三回会談によりわれわれは日僑帰国来船問題については具体的に同意出来たでしょう。最後の形式として、公報（コミュニケ）を発表することを考慮出来るでしょう。公報、個人意見としては必要だろうと思う。形式として、如何に書くか。まず、孫・岩村意見を準備し、会談を開こう。

畑中…協定ごときのもの？　具体的情報交換してから、形式を考えましょう。

（『高良とみの生と著作〈第6巻〉』）

国会で、代表団による状況説明

衆議院引揚別委員会（三月一二日）で中山マサ議員が下記の質問をしている。

——工藤氏の十日ごろのＮＨＫの放送によりますと、逆送還問題を出したら、中国を侮辱するものと怒ったということを私は聞いたように思いますが、その怒った人はだれなのでありましょうか、それが一点。それから、どこの国でも、その国が当然入れるべきでないと思う人たちの逆送還は、これはほとんど国際の慣例のようになっておるのでございますが、また今度の協定でも当然のことと思うのでございますが、代表団はこの点でどういうふうに向うに交渉してくださいましたでしょうか。毎日新聞の十日の夕刊であったかと思いますが、「ややこしい中共帰還」と題しまして、次のようなことが書いてありました。どう見ても日本人でないと思われる人間が少なからずまじっていて、内地縁故者を失ったが日本人だと言い張るならば、逆送還を許さぬという以上、第二、第三の鹿地や三橋どころかもっと恐るべき計画を持った筋金入りを、——われわれの税金による政府の費用で中共工作員を大量に輸入するおそれはないと言えない、というようなことを書いておりましたが、この点は、皆様方は責任をもってそういう人たちが入って来ないということをおっしゃっていただけるでしょうか。その点をまずお尋ねいたします。

工藤忠夫はこの質問に答えて、

――それは、帰還者の範囲の問題といたしまして、私がこの問題について全代表団を代表して聞いたのでありますが、それより前に、書きものをもちまして――中国側が範囲外の者を送り込んだ場合には日本はこれを逆送還するというような、真正面からそういう失礼な言葉は使えませんので、この範囲内のものによらざれば入国を許すことはできない、日本はこれを拒絶するという趣旨の書きものを出したのであります。中国側におきましては、これは用語は穏健であるけれども、きわめて重大な内容を含んでおるものであるから、自分たちはこの問題を聞かなかったことにするという趣旨で、書面を連絡員から突き返されたのであります。それで、正式の書面の受取方を拒絶されたわけでありますが、最後の会議の席上で、この問題を再び出しましたところ、中国が日本の内政干渉をするようなことはできない、また中国はする意思はない、革命は輸出品ではない、私の言葉を信じてもらいたい、日本が心配しているような人を自分たちは絶対に送らないから、われわれの証言を信じられたい、そして自分たちは、一たび言ったならば、約束を破るというようなことは絶対にしないから、そのつもりでおられたいという趣旨を、きわめて強い語調で言われたのであります。われわれといたしましては、中国側に対しまして日本側の意向を言ったにもかかわらず、中国側からそういうような強い言葉で拒絶されましたので、これ以上そういう問題について協定を結ぶということはむずかしいと見えまして、先方の証言を一応受取って、今後の実際に徴してこれを見るよりほかはないと思うのでありますが、先方の廖承志団長の言われた言葉は、きわめて確信に満ち、しかも誠意に満ちた言葉とわれわれは受取ったのであります。これは私の感想でありますが、そういうぐあいで、これに関する規定は共同コミュニケの中には入らなかったのではありますが、正式の会議で言われました以上は、相互の会議の記録に載っておる次第であります。

二月二四日、廖承志が毛沢東に送った報告書が残っている。

「在留日本人の帰国交渉状況に関する毛沢東への報告」

在留日本人帰国交渉工作の進展状況についてここに報告する。

日本側代表団の到着後、二週間の準備、予備討議、個別の談話と非公式の意見交換を経て、二月十五日から、すでに三回の正式会談を行った。会談のなかで、われわれは最初に、日本軍国主義政府の過去八年の中国侵略戦争は中日人民に災難をもたらし、吉田政府はひきつづき中国人民を敵視する態度を採っているが、中国人民はこれまで、過去の日本軍国主義政府、現在の吉田政府と日本人民とをわけて考えていることを説明した。つぎに、在留日本人がわが国で受けた保護と生活状況について説明した。彼らが帰国できないのはアメリカ帝国主義と吉田政府の妨害によるものである。あわせて今回の交渉の範囲を「日本側船舶派遣手続きおよび在留日本人帰国のさまざまな具体的問題」の解決に限定し、「送還」という誤ったいい方に反駁した。われわれの工作が「帰国を希望する在留日本人の日本への帰国にたいする援助」であることを強調した。私が提起した原則の基礎のうえに、交渉は順調に進み、わが方は終始主導権をとった。目下、おもな問題はすでに合意に達した。

大体次のようにまとめることができる。

一、帰国を希望する中国在住のすべての在留日本人は一般の外国人在留者の出国手続きにもとづいて申請し、中国政府の所定の機関による証明発給後、すみやかに帰国できる。中国籍の男性と結婚しているすべての日本人女性は日本に帰国したければ、われわれは認める。日本籍男性と結婚しているすべての中国籍の女性は、もし夫とともに日本へいきたくなければ、中国は強制しない。前の二つのグループに属する夫婦の間の子供は、満十六歳以上であれば、日本へ行くかどうかは本人の希望に任せ、十六歳未満の者は両親の双方が協議して解決する。中国の孤児院に収容されているすべての日本人孤児は、中国側がその帰国を援助する。

二、秦皇島、上海、天津の三港を、帰国を希望する在留日本人の集結、乗船地と確定する。帰国を希望する在留日本人は毎回三〇〇〇ないし五〇〇〇人を集める。第一回の乗船時期は三月十五日から二十日までと確定し、以後一五日ないし二〇日ごとに人数をまとめるものとする。在留日本人の集団帰国の期限は、いちおう六月下旬から七月はじめまでと定める。日本側の船舶派遣はわが国が公表した『在留日本人の帰国への援助にさいして日本側が船舶を派遣するうえで遵守すべき事柄に関する規定』を守らなければならない。

三、中国側は帰国を希望する在留日本人の困難に配慮し、居住地を離れてから乗船までの食費、宿泊費、旅行費（五〇キロの荷物運賃を含めて）を、中国紅十字会が負担する。あわせて、帰国する在留日本人が一定数量の外国貨幣に両替して帰国する申請を認め、帰国する在留日本人の携帯品は中国政府が規定した輸出禁止品および禁制品をのぞいて、在留日本人個人に帰属するものは税関の処理手続きを経たのち、持ち出しを認め、制限を加えない。

四、在留日本人が七月以後、日本への帰国を個別に希望した場合には、中国紅十字会はひきつづき援助する。中国から帰国した在留日本人がふたたび中国へ来ることを希望した場合、もしくは中国に居留する在留日本人の家族が中国に来ることを希望したときには、中国政府の外国人在留者の出入国条例にもとづいて処理する。

日本側は在留日本人のわが国の公営私営企業で働いている人数、中国にいる在留日本人の分布状況、日本人戦犯と囚人犯、拘留されている日本人漁船員など、交渉の範囲を超えた問題を公表するよう要求を提出したが、わが方は明確に拒絶した。あすから会談コミュニケの起草を開始するが、もう一度会議を開いてコミュニケを可決し、交渉を終了できるものと考える。

報告によれば、吉田は今回、先に退きあとで攻める陰謀をめぐらし、第一歩は日本側代表団に、中国訪問は「帰国を希望する在留日本人をいかに日本に戻すか」を交渉するだけとし、在留日本人の数を尋ねないようにと告げた。第二歩は、中国にいる在留日本人は実際には六万人おり、今回の帰国は二万人あまりに過ぎず、残りは中国に拘留されていると宣伝し、吉田政府はこれを理由に日本代表団は「無能」で「うまく交渉しなかった」と攻撃しようとしたのである。米日反動派は在留日本人の帰国交渉を破壊しようとし、有田八郎が指導する反動団体は現在デマを飛ばし、日本側代表団を失敗させようと企てている。つぎに、アメリカ軍は吉田政府に、帰国する在留日本人から情報を収集するよう意を授けた。別の東京の放送によれば、在留日本人の帰国を迎える船舶の航行はアメリカ・蒋・李集団の了解を取りつけなければならないという。米日反動派はこの問題で新しい手口を使う可能性がありそうである。

交渉以外に、われわれは郭沫若に出席してもらい、日本側代表団に随行した日本の進歩的団体のわが国政府指導者と人民団体に対する記念品贈呈式およびわが方の答礼のおごそかな儀礼を催した。関係部門の訪問、会談、参観、遊覧と娯楽の催しを手配した。

日本側代表団は中国を訪問したあとはかなりよい影響を受けていた。在留日本人の帰国問題で、彼らはわれわれの措置に満足している。帰国する在留日本人の携帯品を認め、経費の協力などの優遇措置をとったのは彼らの予想外だったようで、中国は大国の気風を持っていると考えている。工藤は西園寺に、「廖団長の発言に私は本当に感動した。一回の談話ですべての問題をほとんど解決した。このような好意はなんとしても日本国内に知らせなければならない……」といったほどである。そのほか、彼らは新中国の平和建設の猛烈な勢いに感動し、多くの人は認識を改めた。たとえば、島津は西園寺にいっている。「日本にいるときには中国の状況はわからなかった。赤十字社は保守団体だから中国へ行けばきっと軟禁されるという人もいた。ところが、中国に来てみると、日本より自由ではないか。中国は分裂するだろうという人がいるが、中国は繁栄した豊かな国へと発展するだろう」。

彼らは帰国を急いでいない。進歩的人士のなかにはアジア太平洋平和会議に出席する予定の人もおり、今度中国に来たことをとても喜び、「経験を学んで帰る」期待を抱いている。他の人たちもこの機会にできるだけ見ていこうと思っているようだ。われわれは彼らが出発する前に、途中いくつかの都市を見学できるように計画を立てている。

日本赤十字社の島津に、わが国の中国紅十字会の日本訪問の要請を提出してもらうよう努力している。実現の可能性はあると思う。

(『廖承志文集（上）』徳間書店)

第三回会談の詳細を日本へ報告する

二月二四日、電報第一一号

――二三日月曜日第三回公式会談を開き、配船及び帰国者の類別の問題が討議された。本日の会合で、帰国者に関する問題についての協議は事実上終了した。目下協定に到達した諸点のとりまとめ方を中国側と研究している。

電報第一二号

――二三日公式会談において配船の問題に関し左の如く決定した。三港における各船便に対する日本人の集結は合わせて三〇〇〇ないし五〇〇〇であるが、五〇〇〇となる見込みが多い。各船便の間隔は一五日ないし二〇日であって、第二回の配船は四月一〇日頃と予定される。

上海への集結は漸次減少し、秦皇島および天津への集結は増加する見込みである。

船の中国の港における滞在日数はいま決定できないが、中国側は早く出港できるよう協力する。

中国官憲から日本人名簿を受領する責任者は、各船の船長であることを双方了承した。

中国側は船が適当な間隔を保って舞鶴に到着できるよう協力する。中国の港における日本船に関する特別規則第一条に関して、双方は、この第一条は日中双方の同意した配船計画に基づいて実施される国内手続規則に過ぎないことを了解した。

電報第一三号

――中国紅十字会は、現在の中日国交関係のもとでは、妻子の問題を国籍法に基づいて解決することが困難であるから、つぎの規則に従うことになると述べた。

第一、中国人の夫と結婚した日本人の妻は希望するならば日本へ向かって中国を離れてもさしつかえない。

第二、日本人の夫と結婚した中国人の妻は日本に行くことを希望しないならば中国に留まってもさしつかえない。

第三、上記の夫婦の子供たちにして一六歳を超えるものは、彼らの意志によって中国から離れ、あるいは中国に留まることを決定することができる。

第四、一六歳未満の子供たちが中国から離れ、あるいは中国に留まることは両親間の相談によって定めることができる。

第五、孤児院の孤児たちは希望するならば日本へ出発することができる。


日本人帰国者が日本を訪れて再び中国へ入国する問題と、日本人の妻子が夫または父と一緒になるために中国に入国する問題は中国における外国人入国管理の一般規定に従う。生死不明者は、この交渉の議題とはならなかったが、中国紅十字会と日本赤十字社の間で好意的にとりあげられた。

来電四号（ママ、三号?）

――高砂丸ハ上海、興安丸ハ秦皇島、白竜丸及ビ白山丸ハ塘沽へ向ケ出発サセル。他ニ天津向ケノ船舶ハナイ。白竜丸、白山丸トモ長サノ関係上、天津ニハ回航デキナイカラ。四隻トモ間違イナク、三月二〇日到着スル。貴電第七号ニヨリ政府ヘノ申入事項ニツイテハ、ナオ当局相互間ニオイテ検討中デアル。連絡局。

電報第一四号

――交渉はまもなく終わる。北京を三月はじめ発つ予定。一三名二〇日間分の滞在費および電報料二〇〇ポンド送られたし。

二月二五日、来電四号

――高砂丸ハ一五日出港（白竜丸）、高砂丸ト興安丸ガ少ナクトモ二日ノ間隔ヲオイテ到着スルヨウ、白山丸ト白雲丸ハ同時ニ。高砂丸、興安丸モ一緒ニ入港シテモ差シ支エナシ。ナルベク早ク返事ホシイ。各中国港カラ出発スル日ヲ知ラサレレバ宿所ニ便宜ナリ。

二月二六日、電報第一五号

――各帰還船に結核その他の患者若干乗船の予定。長期療養を要する人々のために十分のベッドを用意するよう政府に要望されたい。

来電五号

――二月二五日内閣決定（政府役人乗船不許可）五点

一、無料デ集団帰国ハ帰国船舶デ帰ル。
二、運輸省デ船ノ発着港ト配船指図。
三、帰国船ノ所属スル会社ガ、船上デノ集団食事ト日常品ヲ給与スルコトハ運輸省指令ニツキ行ウ。
（費用ハ国庫負担）
四、厚生省ハ帰国船所属会社へ必要ナ便宜ヲ与エル。
五、外務省ハ旅客名簿ト、着港地デ保護、庁機関ニ引キ渡スコトヲ船長ニ要求スル。

連絡局は帰国者受け入れは三団体が責任をもつ件につき（わが方の二月二三日電の件）確答を得る交渉をする。第一四電の送金は政府へ申し入れた。

国民救援会、会合し日本連絡事務所の国家公務員を日赤員として乗船させることに反対する。

電報第一六号

――貴電第五号に関連し、日中双方の代表団は去る二〇日の公式会談の際、各帰還船の船長が帰国者の乗船名簿受領責任者であり、また三団体の代表者は帰国者の世話をするため乗船を許されるという二点を了解したことを確認する。

二月二七日、来電六号

――前回電報ニ書イタワレラノ要求ヲ政府ハ拒否シタ。三団体ノ代表ガ帰国者ノ引キ取リノ責任者トナルコトハ今回ハ〝引キ揚ゲデハナク帰国〟デアルカラ、責任者ヲ必要トシナイト。政府ハマタ帰国者ヲ世話スル必要ハナイ、貴電第七ハ乗船シテモヨイデ（may）代表者ガ乗船セネバナラヌ（should）デハナク船中事務ハ簡単化シタカラト政府言ウ。

二月二八日、来電七号

――帰国者の範囲ニツイテ、〝中国側当局 Chinese Authorities〟ト打チ合ワセヨ。

①合致シナイ者ハ送還スル。②Item4 ニツイテ、紅十字ト日十字ノ連絡方法具体法、両国政府。③承認ヲ得ル（連絡方ニツイテ）点ヲ確実ニセヨ。打チ合ワセ事項ノ第四、第六、第七、両国国内法ニ従イ実施ニ移ス。

(原文では三月一日発信)、電報第一七号

――貴電第七号第三項に関連し、意見の一致を見た事項をいかに取りまとめ、またいかなる形式で公表すべきかを目下研究中である。中国側は協定よりもむしろ共同コミュニケを希望しているもようである。中日両国政府の現在の関係を考慮し、右のコミュニケの草案全文を打電する。右コミュニケは、日本の関係当局の承認を得れば最終的なものとなるだろう。

来電八号

――①政府要望ノ確認セヨ。第一回ハ三月二〇日ノコト、三月以降ハ二〇日以前ハ不能。②天津二港へ同時ニ入港シテヨイカ。③白雲白竜ハ天津ニ廻転出来ナイ。大沽カ太沽(ママ、塘沽)TANKUタンクーヲ明示セヨ。④二週間前ニ次ノshippingニツイテ、乗船港ト数ヲ知ラセヨ。⑤病人ハ前モッテ通知(七週間前)セヨ。⑥在日学生ノ帰国ニツイテ承認サレタシ。

来電九号

――政府ハ次ノヨウニ要求シテオル。

各通信局各符号、代理公司ノ住所、電報略号、送金宛名、船ノ所在ハ正午ノ位置ヲ報告？　何処ヘスルカ、船舶ノ標識トハ何ヲ言ウノカ。白山丸ノミデ、radar ノアンテナノミ取リ外シデヨイカ。

電報第一八号

――貴電第八号および第九号を受けとった。

一、三月中に到着の四船は三月一五日から二〇日までの間に到着しなければならない。四船の到着予定日を返電されたい。

二、白山丸および白竜丸の到着港は塘沽《タンクー》である。現時、塘沽は天津市の行政区域の中に含まれている。

三、その他の事項は、目下中国側に照会中であるから、回答は次の会談に期待される。

電報第十九号

――代表団は三月五日北京出発の予定。一〇日香港発ＢＯＡＣ機を予約した。

代表団の内部で意見が割れる

三月一日、午後二時、打合せ会

岩村氏から、孫氏との交渉結果の報告あり。

(1)範囲の問題はコミュニケの中へ入れない。〝帰国を希望する日本人を帰国援助するのだ〟二〇歳までは日本国内法であるから、協商できぬ。日本人に知らせる努力するが、中国方針の四項目は出さぬ。

(2)会議の過程として日本事務局へ連絡することは認めること出来ない。日程は相談。

この打合せ会は、もめに揉めたようだ。「政府の承認を得ないコミュニケに署名するかどうか?」。その結果、代表団の帰国声明も検討されたようである。

三月二日、午前九時、桜井君来室。工作員間にて先発隊結成し、団長と平野氏残留し高良副団長他は帰国す。声明を発して任務完遂(不満ながら)今後とも帰国に協力努力すると電することにした。コミュニケを内地要請につき、工藤忠夫氏と加島固執した。

（『高良とみの生と著作〈第6巻〉』）

三月三日、午前一〇時三〇分、会談を明日三時にしたいと孫さん申し入れあり、日本側草案を充分考慮した。一方的にならぬような用語を用いた。簡単に理屈なしにした。

（『高良とみの生と著作〈第6巻〉』）

電報第二〇号

――三月二日中国側は「帰国」であって「引き揚げ」でないという見地から、中国側としては船客名簿を作成しない旨非公式に通告してきた。よって代表団は帰国船が自ら船客名簿を作成すべきものと考える。

電報第二一号

――当方公電第一七号に関して、

第一、日本代表団は、二月二七日中国紅十字会に対し当方のコミュニケ案を提出。三月二日中国紅十字会は中国側の対案を示した。この対案は公電第二二号のとおりであって、実質的には当方のコミュニケと同じである。ただ帰国者の類別に関する全条項は削除され、三団体代表の乗船に関する新しい条項が第六項として挿入された。

第二、中国紅十字会は帰国者の類別をコミュニケに記載することに同意しなかったが、協定に達した点は前電（公電第一三号）のとおりである。中国側は帰国者の一部を日本政府が逆送還する件に関する特別取り決めを拒絶した。

第三、三団体代表は帰国者の世話をし、中国紅十字会と連絡を保つため、各船に乗船すべきである。

第四、中国紅十字会が今後接触を保つ日本側の機関は三団体連絡事務局とする。

第五、コミュニケ中のある点に関して一部には不満があるかも知れないが、日本側からさらに対策を提出するならば、協定の締結を遅らせ、ひいては帰国者の輸送開始を不当に遅らせることになる。よって政府が本コミュニケをこのままの形で承認するよう努力されたい。

第六、当代表団は、三月五日北京出発の予定であるから、貴方の回答が遅くとも三月四日正午までに必着するよう計られたい。

電報第二二号

——日本人居留民帰国問題に関する合同コミュニケ（全文略）。

電報第二三号

——三月三日午前、中国紅十字会連絡員はきのうの中国側コミュニケ案についてつぎのような説明を行った。

第一、帰国者の類別は国籍法に関する国際的問題であって、両国政府間の交渉により解決されるべきものであるが、現在の日中間の特別関係のため、国内法により個別的に解決するほかに方法がない。二月二〇日の会議の際、中国側は四点について説明したが、これは日本人の帰国に当たっての中国の援助態度を日本側に知らせるために過ぎず。交渉に議題としたのではなかった。したがって日本の提案する条件は協議されない。一部の帰国者の逆送還の問題については、中国側はかかる不幸なる事件の起こらないように努める。

第二、三団体代表の乗船に関しては、中国側は最初ただこれを希望したに過ぎなかったが、後に至り多数の在華日本人がこれを熱望したので、中国紅十字会は三団体代表の乗船が必要かつ合理的であるとの結論に達した。代表は中国の港に上陸し、各地の中国紅十字会と緊密なる連絡を保って日本人帰国者を援助することができる。

第三、第三項の第一次日本人帰国者数は、前の会談では三〇〇〇から五〇〇〇と決定されていたのが四〇〇〇から五〇〇〇と変更された。これは帰国申請がすでに四を超したという事実によるものである。第四項において船の間隔は二〇日前後と定められたが、これは前に協定した一五日ないし二〇日という点の事実上の変更を意味するものではない。

中国滞在費の支払い、お互いのメンツを立てる

三月四日、来電一三号

――午後三時政府へ貴電伝達シタ。政府ハ外務、厚生、運輸、法務省熱烈ニ討論中。関係大臣ト書記官長ト連絡スル要アリト言ウカラ、返事ハ遅レル。分明次第通知スル(四日正午間ニ合ウヨウ)。新聞記者ガ、九州水域ニオイテ乗ルノハ、貴方ノ一〇別中第八項ニ抵触スルカ。香港ノ中国銀行へ東京カラ振リ込ンデ北京

ノ香港上海銀へ（一年前ニ外国為替停止）回送スル？

宿泊室一一万八〇〇〇、一〇八号特等、一四万二〇〇〇　一人　五万九〇〇〇
朝　五〇〇〇、ひる一万五〇〇〇、晩二万円／日平均四万　一日一人約一〇万
一人一ヶ月三〇〇〇円　日本金一月一人四万円
汽車賃往復三〇〇万円

この日、日本側代表団の滞在費を精算しようとしたようである。『高良とみの生と著作第6巻』に、――三三万円、飛行＄五四五　重慶経由広州↓北京、北京飯店宿泊費（一月一〇万円）として一人一〇〇ポンド出し、難民救済委員会へ寄付することにした。（孫氏から民主団体は招待の方針なりと断られた後）とある。日本側は滞在費を支払おうとしたが、中国側は受け取りを断ったので、難民救済委員会に寄付することによって、お互いの面子を保ったのである。

会談準備して、政府回答遅延のため二時約束の会談延期。

三月四日、電報第二四号

――中国側コミュニケ案に関する貴方の最終的回答が三月四日正午まで到着しなかったことは誠に残念である。その結果四日午後開催予定の最終公式会談は明五日午後三時に延期せざるを得なくなった。これには双方困惑している。デリケートな情勢にかんがみもし日本側の回答が五日正午までに来なければ、日本側が中国側のコミュニケ案を受諾したものと認めて、五日の最終的会談に出席するつもりである。

政府が国会で最終電報の内容を説明

三月四日の「衆議院引揚特別委員会」で、飯塚定輔議員の質問に対し、中村幸八政務次官が代表団への最終電報の内容を、下記のように答えている。

――昨日代表団の方から第二十二電が参りまして、共同コミュニケを発表したいから意見を求むる、こういうことでありました。そこで、関係官庁が集まりまして、いろいろ協議いたしました結果、本日の正午に、政府の意見をとりまとめまして、これを代表団の方に打電することにいたしました。

それは四点あるのでありますが、

第一点といたしまして、公電第二十号に関することでありまして、これは、何人が乗船するかを乗船前に明らかにすることは、船長の輸送責任遂行上絶対必要なものである。乗船の際船側において各個人より申告を受けてこれをつくることは、乗船の迅速、円滑を期し得ないから、乗船者の氏名、年令及び性別を記載した名簿を中国側において乗船前に一括調製し、船長に手交されたい。右乗船者名簿の調製が困難ならば、乗船各人をして乗船前にその氏名、年齢及び性別を記載した銘々表二部、一部は本人が所持し、一部は船長に渡す、この銘々表二部を各人に携帯せしめ、乗船せしめるよう手配されたい。

第二点は、公電第二十二号及び二十三号に関してであります。コミュニケの第六項に関しては、帰還者の世話等については必要な手配をしてあるから、三団体の代表が乗船することは特に必要がない。

第三点は、配船についての技術問題。二月二十七日往電第九号の配船についての技術問題に関する当方の照会について至急に返電されたい。返電がなければ、三月二十日までに到着できるよう出港することに支障を生ずる。

第四点は、帰還者の範囲。帰還者は日本国民及び日本国民と身分上近接な関係にある左記の者に限る。イ、打合せ事項に列挙した者。ロ、公電第十三号第一項、第二項、第四項及び第五項。但し第三項に十六才以上の子とあるのは二十才未満の未婚の子を意意すると解する。右以外の者は帰還者ではなく、入国を許可できない。こういうような趣旨の電報を現地の代表団に打った次第であります。

同じく四日の委員会で、引き揚げ者輸送に関する、台湾側、アメリカ側の対応について、特別委員会では貴重な質疑が成されている。

受田新吉委員…私は、帰還同胞に対して外務省として海上の安全等にいかなる手を打っておられるのか、特に中国側としては中共側に対する海上封鎖等の措置さえも考慮している現状において、海上の安全を確保して完全に同胞に帰っていただくような安全措置に対する外務省の態度、特に中共から引揚げる同胞の問題は中国政府としては非常な関心を持っていると思うのであるが、中国政府が中共方面からの同胞引揚げに対してどういう感じをもってこれに当っているかという点についての情報でもあれば、それもあわせて外務省当局の御答弁をいただきたいと思います。

中村幸八外務政務次官…中共引揚船の海上安全の問題につきましては、政府といたしましても同様に心痛いたしているところであります。特に中華民国政府が、先般海上閉鎖と申しますか、中共の港に入る船は国籍のいかんを問わず阻止する、こういうような措置をとったようであります。この点を大いに憂慮いたしまして、去る二十六日に中華民国政府に対しまして、特に引揚船の安全については配慮ありたい、こういう申入れをいたしました。また同時に、アメリカ大使館を通じまして、国連軍の方にも同様な申入れをしたのであります。これに対しまして、中華民国政府からは快諾をする、—当方の申入れ通りに処置する、こういう回答もあるのでありまして、そういう意味からいたしまして、中華民国政府のこの引揚げ問題に対する考え方はおのずから明瞭ではないかと考えております。

また、援護庁は留守家族など舞鶴で出迎える方たちへの対策も講じていた。

臼井荘一委員…これは、あるいは援護庁の方のお仕事ではないかもしれませんが、引揚者のこの事態につきましては十分準備が整っておるように伺っておりますが、舞鶴市に家族とか知人とかで、もしやと思って出迎え、探し等に行く人があると思うのですが、これは、過去の実績によって、およそどれくらいというあれはあると思いますが、期間が相当にあいていただけに、どっと一ぺんに押しかけるのに対しまして、案内とか、宿泊とか、そういう準備は整っておるのですか。私はその辺の事情を知りませんから、お伺いいたします。

それから、もう一つ、故郷に帰る汽車に、それらの家族は乗せるけれども、知人と称するような人はそれには乗車させないのか、させるのか、その辺のことをお伺いいたします。

木村忠二郎援護庁長官…御承知の通りに、同時に相当多数の人が港へ入って来ますが、できるだけ早くこれをお帰ししなければいかぬと思います。従いまして、その間にいろいろの輻湊《ふくそう》したことがございますと、遅れますので、われわれとしては、なるべくならばお迎えは地元でやってもらいたいと考えております。これは、御家族の御心情から申しますと、舞鶴まで迎えたいというのは当然だろうと思いますので、できるだけそういうことにいたしたいのでありますが、その方が主か、あるいはお帰りになるのを早くする方が主かということになりますと、やはりわれわれといたしましては早くお帰りになる方が先ではないかと思っております。

もし手が余ってできますれば、留守家族の方のお世話もしなければならぬと思いますが、御承知の通り引揚援護庁はぐんぐん縮小して参りまして、現在非常に縮小した状態になっております。最盛期の状態と比べると、問題にならない状態になっております。しかも、それによって今度は相当多数の人をお迎えしなければならぬ状態になっておりますので、できるだけ効率的にやりたいと考えまして帰って来られる方のお世話を十分いたすことに力を尽したいと思います。

ただ、おいでになる人をとめるわけには参りませんが、おいでになりました場合には、おとまりになるだけの設備はいたしております。あまり設備はいいところではございませんが、おとまりになるだけの準備はいたしてございます。料金はとりません。食事は別でございますけれども、宿屋にとまらぬで済むだけのことはいたしたいと思います。お帰りになる汽車等の関係につきましても、むやみやたらにお乗りになると、鉄道の方も輸送上困ると思います。ただ、お帰りになりますにあたって、あらかじめ手続ができていられる方々については、できるだけの便宜をはかりたいと思いますけれども、やはり何と申しましても、帰られた方の座席を十分確保しなければならぬので、その方に主力をあげるということに御了解願いたいと思います。

最終電報が入る

三月四日、来電一四号（最終電報）

——正午政府より、左の事項について中国側と再度協定に至るようにと依頼するよう政府の要求を受け取った。

一、貴電二〇ニ対シ。乗船前ニ何人ガ船舶ニノルカ明白ニスルコトハ船長ガ、輸送ノ責任ヲ果タスタメニ絶対ニ必要デアルガ、個人ノ報告ニヨッテ（乗船ノ際）各個人ニヨッテ、各船ガ作成スルコトハ迅速カツ、円満ナ乗船ヲ不可能ナラシメル。依ッテ中国側ハ乗船前ニ帰国者ノ氏名年齢性別ヲ示ス表ヲ準備シ、コレヲ船長ニ手交スル事ヲ要請セラル。モシカカル表作成ガ困難ナ場合ニハ中国側ハ帰国者ガ氏名、年齢、性示す identity card 身分証明書二通ヲ携帯スルヨウ処置シ、一通ハ帰国者自身ガ保存シ、他ノ一通ヲ船長ニ乗船ノ際手交セラレンコトヲ要請ス。

二、貴電二一号二三号ニ関シ、コムニケ案第六項ニツイテハ、帰国者ヲ船舶ニオイテ世話ヲモ含ム必要ナ手配ハ既ニ出来テイルカラ、三団体代表ノ乗船ハ特ニ必要ナラズ、必ズシモ必要ナラズ is not particularly necessary。

三、船舶ニ関スル技術事項

二月二十七日発信電第九号中申入レタ配船ノ技術事項ニツキ直チニ回電アリタシ。貴方右回答無キ限リ三月二〇日マデニ到着スルヨウ船舶出発スルコトハ困難（サルベージ、レーダー、電信通告回数ハ明日聞ク）。

四、帰国者ノ範囲。帰国者ハ日本国民ト、左記ノゴトク及び日本国民近親者トス。①打合セ事項ニ列挙シタ者。②貴電十三号第一、第二、第四、第五項ニ列記セラレタルモノ。第三項ハ子ガ一六歳以上ニシテ二〇歳未満デ未婚ノ者ノ時ノミニ受諾可能。右範囲ニ入ラヌ者ハ帰国者ニアラズ、日本へ入国ヲ許サレズ。

連絡事務局は疑点数点につき政府に問い合わせ中。

最終電報についての各自の反応

第四回会談（共同コミュニケの調印）という日の前日遅く、日本政府の最終電報が入った。内容が曖昧であったため、代表団内部で意見が分かれた。『内山完造伝』に、

――問題は二つあった。一つは在華日本人を受け取るため、政府職員ではなく三団体の代表それぞれ一名乗船すること。もう一つは帰国する日本人の範囲についてである。日本側（政府）では、日中両国民の結婚者の帰国には、両親又は片親の同伴する二〇歳以下の未婚者に限って入国させるが、それ以外の人間は、逆送還する、という。ところが、中国側では、成年は一六歳からであるから、一六歳以下のものは両親の意志にまかせるが、一六歳以上のものは本人の意志にまかせる。

また、『高良とみの生と著作〈第6巻〉』には下記のように記録されている。

――三月四日午後一一時、内地電（最終電）来り打合せ会を二時までし、三時休む。畑中は政府はマアマアと診断、内山は全責任を負え政府代表でないではないかと言う。松島（ママ、加島?）、岩村、平野五人は三団体賛成、中村、林、平垣、氷見、高良、桜井反対（〇とないからよかろうと考えながらも）。取除を

主張、工藤微妙。政府のむと信ず。

内山完造、激怒する

この事態に平素温厚な内山完造は激怒し、退場した。

「この問題について、吾々代表団の間でも意見が二つに分かれた。それは日本側（政府）で承認しないものを、吾々代表団はコミュニケに署名することはできないという高良さん、工藤さん（日赤）、加島さん（友好協会）の強い意見があって、そのために一度決めた第四回最後の会議を一日延期した。しかしそれにも拘わらず、日本側からは何の返事も来ない。明日の会議をどうするか、ということになったが、三人の主張は非常に強硬であって、高良さんの如きは、強いて署名するならば、私は帰国して反対するとまで言われたので、私はついに『そんなことなら、まず明日の会議に出席しない』と断言して、会議半ばに席を退いてベッドにもぐり込んでしまった。その後どんな風に話しが運んだか知らないが、とにかく食い違ったままで、無事署名を終わって、記念撮影もすんで、目出たし、目出たしであった。この日は一九五三年三月五日であった」

（小澤正元著『内山完造伝』番町書房）

中国のコミュニケ案に対し、代表団の中で意見が分かれた。賛成、反対、それぞれの意見を聞き、島津忠承は留守家族のことを思ったようである。問題は「小異」、交渉の決裂よりも、帰国が間近に迫った在華日本人と、その帰国を待つ家族の気持ちにたった決断をくだした。

「こまかいことで、意見の相違があり、また日本側でも本国政府筋の意向との板ばさみという困却《こんきゃく》した状況に追い込まれたが、私は内心、小異にこだわって、もし交渉決裂になっては、留守家族の方たちにすまない、という気持の方が強かった。そして、三月四日、代表団員の諸氏とも話し合いをした上で、中国側の共同コミュニケ案を受諾することに決定し、会議を終えたのは、暁に近いころであった」

（島津忠承著『人道の旗のもとに』講談社）

第九章　第四回正式会談

三月五日、第四回正式会談。（『高良とみの生と著作〈第6巻〉』より）

午前一〇時～午後一時、午後三時～四時三〇分（その間公報清書、昼食）

伍　…日僑帰国来船具体問題につき協議が出来た。公報について相談したい。

廖　…事務局孫氏と岩村氏の間で何回も協議した。

一、民間団体間のものである。ゆえに民間団体の協議形式をとった。新中国は日本との間に戦争状態継続であるから、やむを得ずこの形式をとった。これは特殊なものである。第一は相談の結果について作られたものである。

(1) しかし第二によって支配される。

(2) 第二はわれわれの間に解決すること可能な問題を取り扱った。

たとえば、中国政府からの通知したものはこの中に入っていない。家族と子供を処理する問題は一般の外僑の一部として取り扱うことで、中に書いてない。（政府が自身でやることはこの中に書かない）
(3)その結果、合理的な方法は、〝理由〟は書かない。日本政府はしなければならぬことをしないのに、中国政府はこれを行う。批判することになるから書かない。作成中に諸君の意見も充分取り入れた。一応読み説明を加える。

一、帰国を希望する日僑には出来る限り援助します。範囲国籍は相談することでないから、書いてない。四項目はすでに知らせた。充分理解されている。政府は関係方面がすでに日僑に知らせました。日本方面も新聞で知らせた。人民団体は必ず言ったことは実行する。権限の〇にこの中に入るべきでない。真の日本人かどうかの疑問をもったら、影佐や土肥原の方法は用いない（笑い話を言うならば、特務的に潜らせて帰らせない）。革命を輸出することは出来ぬ。

もう中国人民を吉田政府の下に苦しめさせることは出来ない。

廖承志団長、共同コミュニケの項目ごとに補足説明する

廖承志団長はコミュニケの内容一二項目につき、下記のように補足説明した。

一、港の手配は出来た。

二、第一船三月一五日～二〇日。第二船四月一〇日、第三船四月三〇日、第四船五月二〇日、第五船六月一〇日、第六船六月三〇日。

三、四〇〇〇人～五〇〇〇人、準備したのは四〇〇〇人（第一回、四二〇〇人）、もっと多くなれば喜ぶ。燐寸（マッチ）箱のように入れない。国際安全法によらねばならぬ。代理公司が具体的に。

四、二〇日の間隔。もとは一五日～二〇日とした。二〇日前後港の支度に必要、二〇日前の可能性ある、後はない。

五、帰国人数を知らせるため、ただ三団体を相手とする。

六、船長は船上と税関の義務がある。

帰国放送を聞いた。政府職員を赤十字社嘱託として乗船は不可。三団体だけ連絡代表として認める。船長船員上陸不能。船長は乗員名簿を渡す。日僑は集結中名簿を作らせ、三団体の人にのみ渡す。平和を愛好する団体の代表のみ（政府と関係ある人は万分の一も想像出来ない）。

中国に於いては重視します。このように六条はやらねばならない。

七、船の上のレーダー装備は安全の他、軍事役割をする。中日間に戦争継続につき、安全方面もあるが、軍事方面もある。元来の規定により守らねばならない。

八、六月末か七月初めの方が可。余り固めない方がよい。もう少し早く、六月末かも知れぬ。

九、集中初めから乗船までの費用を出す。

一〇、税関を通す。六〇歳以上、一〇年勤続（改正年末五年）満鉄以来　養老保険五年分　五〇％以上七〇％。
一一、制限なし（実際上）。
　東北八〇〇〇万円（香港ドル為替で）、工場労働者、労働保険二～三〇万円、二～三〇〇〇万元（ママ）になる。養老保険、書かなくても、行うことだ。制限を書かないかは、（中断）
一二、さらに帰国者援助する。連絡団体を書いた。これ以上に書き方がない。

平野…帰国日僑は範囲を書き入れないこと了解。両国国籍法に従って処理する機関がないからである。また協議する問題外だ。二〇歳以上の日中間の子は資料中に提出した。記憶されたい。上陸できないと気の毒だ。

廖　…ただ注意事項としてですか。公報ではない。事実問題としてはこのようなことはない。不有。中国人の実情から存在しない。申請には無い。

平野…日本人の母、中国人の子で、二〇歳以上の人はある。事実上調べられて無いのなら結構です。

工藤…二〇歳で成年式を終われば外国人だ。日本人名簿を船長が作るとの話だった。今度は日本人集中の際作りまとめて紅十字会が三団体（中断）

廖　…日僑港に着くと、紅十字会と、外輪代理公司と協力、表を渡す用意した。表には姓名、性別、年齢、中国に入るまでの原籍と住所。紅十字会から、三団体代表にだけ渡す。乗船後、これによって船上で旅客リストを作る。船長から乗船司に渡す。

工藤…日本国内では三団体の乗船に反対する考えもあるが、三団体が乗ることが、絶対に必要であるのか？

廖　…この会談を開くことが出来たのは、紅十字会と三団体とを相手にするのみ。三団体がこのことについて反対することは想像出来ぬ。他人がこれに反対であれば、範囲外だ。考慮外だ。絶対必要で重大に必要だ。日僑帰国を完全になさしめるためである。帰国に対し順調に出来ないならば責任を負わねばならない。

工藤…便宜の問題か建て前の問題？　馴れるにつれて簡素化出来るけれど。引き受ける責任者として必ず来なければならぬか。

廖　…いつでも来船毎回、毎船、常に。馴れてくるが、毎回同港につくのではない。いつでも必ず。大型船は上海は一回目、次は天津かも知れぬ。石橋をたたいて渡るためにする。

廖　…一般の収容人員の資料には四二〇〇人と書いてあった。高砂一七〇〇＋興安一七〇〇＝三四〇〇。白雲三〇〇＋白竜五〇〇＋三四〇〇＝四二〇〇。白山五〇〇。実際準備は五〇〇〇人でします。

畑中…白山丸はレーダー、アンテナを外しただけで天津入港許可如何。

廖　…紅十字会としては決定困難、政府、港務規定であるから、規定通り。行方不明者は公報以外のことなら説明する。一九四九年以来は完全にない（非常に少ない）。法律を守る日僑は保護を受けている。瀋陽、天津、一九四六年以前、蒋介石が勢力のあった頃、アメリカと蒋の支配下で一部分日僑は行方不明または死亡した。一九四九年以来は非常に少ない。その後この事情あったら調べることが出来る。

一九四六年頃のは調べることは出来ない。司令官が長春、瀋陽、天津に於いて現在監禁した人びとがあるが彼らに聞くわけにゆかぬし、聞いても何にもならぬ。閻錫山下の一部日本人は依然中国人に反抗した、それは戦犯だ。

高良…反動三反五反によって現在思想教育中の者？

廖　…中国境内にある外僑は法令を守らねばならない。反したら処罰の規定が、終わったら、もとの外僑の身分に帰ります。帰国したいなら、帰国する中へ入る。

あらゆる僑民の中には種々な思想をもつ。思想の如何で差別はしない。邪魔しません。日僑の学習は彼らの自由である。制限はない。公報は一人ひとり発表する必要はない。記念するため印刷して、各側一部宛所有しよう。

（『高良とみの生と著作〈第6巻〉』）

「日本人居留民帰国問題に関する共同コミュニケ」（『日本赤十字社社史稿第6巻』より）

中国にあって日本に帰国を希望する日本居留民の帰国を援助するため中国紅十字会代表団および日本赤十字社、日本平和連絡会、日中友好協会、三団体の組織した代表団は船舶派遣手続きおよびその他関係する具体的問題につき、北京で協議を進め双方数回にわたる会談を経てつぎの結果に到達した。

一、中国側は天津、秦皇島、上海、三港を帰国希望の日本居留民の集結および乗船地点とすることに確定した。

二、帰国希望日本居留民の第一次班が集結を終わり、乗船開始する時期は一九五三年三月一五日から二〇日とする。この方面に向かう船舶はこの定められた期日内に上述の三港に到着すること。

三、帰国希望日本居留民第一次班の集結人数は四〇〇〇人ないし五〇〇〇人とする。

四、第一次班の帰国希望日本居留民の中国港出発後、その後の帰国希望日本居留民の乗船人数および船舶の問題については帰国申請の日本居留民の人数と派遣船舶の状況に基づき決定する。大体の計算によると各帰国希望日本居留民の集結時間の間隔は二〇日前後で各班の人数は三〇〇〇人ないし五〇〇〇人とみられる。

五、第一次班出発後帰国希望日本居留民各班の人数、乗船期日および関係船舶の中国における到着港および到達期日などは中国紅十字会が日本赤十字社、日本平和連絡会、日中友好協会三団体の連絡事務所あて電報で通知する。

六、各派遣船舶ごとに日本赤十字社、日本平和連絡会、日中友好協会三団体は各一名ずつが乗船し帰国者の世話をおこなう。これは中国紅十字会と帰国希望日本居留民の帰国につき連絡を保つに都合がよいからである。

七、日本側派遣船舶は中国主管機関の日本居留民帰国に関し、日本派遣船舶が守るべき事項の規則を守らなければならない。

八、中国紅十字会が帰国希望日本居留民の各班の帰国援助終了期限はおよそ一九五三年六月末から七月初めまでとする。

九、帰国希望日本居留民のため、中国紅十字会は、帰国希望日本居留民がその居留地を発った日から乗船の時期までの食事、宿泊、旅費および五〇キロ未満の携帯品の運賃を負担する。

一〇、帰国希望日本居留民の携帯品は中国海関（税関）で手続きを行い、中国政府の規定した輸出禁止品および違反禁止品を携帯することはできない。

一一、中国側は帰国希望日本居留民が一定額の外国貨幣を携帯帰国するための申請を行うことを許可する。

一二、日本居留民の帰国期限が終了したのち、もし日本へ帰国することを希望する日本居留民が依然としてある時は、中国紅十字会は引き続きこれを援助し、日本赤十字社、日本平和連絡会、日中友好協会の三団体連絡事務局と連絡を保ち、以上の規定に基づいて日本からの来船による帰国を援助する。

一九五三年三月五日

日本側代表
島津　忠承
高良　とみ
平野義太郎
内山　完造
工藤　忠夫
畑中　政春
加島　敏雄

中国側代表
廖　承志
伍　雲甫
趙　安博
林　士笑
倪　斐君
紀　鋒

この共同コミュニケの作成に当たり、おもしろいエピソードがある。当時、中国側の事務方をしていた孫平化（後の、中日友好協会会長）氏の著書『中国と日本に橋を架けた男』（日本経済新聞社、一九九八年）に、

――五三年三月、中国紅十字会と日本赤十字社など三団体が調印した日本僑民を送り出すことについての共同声明は、当時、日本語のタイプライターが北京になかったため、私が日本側の代表である平野義太郎さんに助けてもらい、乾面胡同《フートン》にある中国紅十字会の事務室で、筆で写し上げたものである。

島津団長の感謝

前日の夜、北京飯店の島津団長を訪れた西園寺公一氏から、紅十字会側が日本に招待されることを希望している旨が伝えられ、日本側としては、当時の日中関係から、とうてい政府が中国代表の入国を許可すると思えないので、この際は何ら決定的でない回答をするよりほかないとして、翌五日の共同コミュニケの調印が済んだ席上、島津団長から感謝のあいさつとともに中国紅十字会代表の日本招待にふれ、

「今回の日本人の帰国について中国紅十字会の与えた援助と代表団歓待に対し感謝致します。日本赤十字社として、右に対するお礼をあらわすため、三万人帰国終了予定の七月中旬以後、適当な時期、すなわち秋ごろに中国紅十字会代表の来日が実現するよう努力したいと思うが、確定的なことは帰国後関係方面と十分打ち合わせた上お知らせする」

（『日本赤十字社社史稿第6巻』）

廖承志結論

幾回の接触及び四回の正式協議によって一致することが出来たことは喜ばしいことである。中国及び平和を愛している人民の間に各々の協力団結すれば、困難を克服することが出来、中日人民の友好をさらに一歩進めることが出来る。私は喜んで赤十字会の招待を受け、今年の内に日本へ行き、皆様を訪問し、日本人民を訪問したい。日僑はすでに出発し、帰国後工作に従事し、国に帰って幸福で平和な生活をなすことを希望するように関心を表さねばおれぬ。彼らが国に帰って、差別や圧迫をうけたりしないよう、私どもと一緒に何年も暮らした人びとが平和に幸福に暮らしてほしい。

今ひとつ要請がある。万以上の華僑がいる。彼らの中の少なからぬ人は国に帰りたい。この問題、特に赤十字会が主な責任をもって面倒を見て国に帰してもらいたい。国に帰る経費はわれらが負担する。船舶、手続き問題を順調にやってゆければ感謝するところです。会議を完成するについての皆様の努力に感謝す。三団体はわれわれの事業、中日友好の大成績を挙げてください。もっと成績を収められることを最後に希望する。

(1) 華僑帰国援助感謝す。経費は負担す。第一回は間に合わぬが、二回三回に間に合わせたい。
(2) 遺骨を集中的に迎えたい。いつ送還出来るか知らせて欲しい。宗教人は出席間に合わぬ。

(3)戦犯については討論しない方がよい。

高良…在日華僑の帰国問題については日僑の帰国船を利用して努力したいと本代表団員とも相談した。また在日留学生も三月卒業者も一〇〇名越すので努力したい。日本政府が招待した人びとであるから費用も政府が負担すべきであると信ずる。午前中の発言は私個人の意見で、平和を愛し、日本を愛する精神を養いたいという考えから申したことである。

（『高良とみの生と著作〈第6巻〉』）

『高良とみの生と著作〈第6巻〉』に、この日、午後五時三〇分、日本代表団は北京飯店で八人の在華日本人と会見したことが報告されている。その中の六人は帰国希望者で二人は残留希望者であった。驚いたことに、残留希望者の一人に、わたしがかつて勤めた日中旅行社の社長・菅沼不二男の名前があるではないか。彼は残留の理由として、「日本には両親もなく、家もなく、新聞記者の一生、気軽に残る」。そして、残留七年で感じたことを、「人間を大切にし、自発的に仕上げてゆく、外から押しつけるのでない。妻と二人」と。高良とみは、注記として書いたのであろうか、〝妻の兄は檀一雄〟とある。

第四回会談の詳細を日本へ報告する

三月六日、電報第二五号

——五日に最終会談を開き、最終的につぎのとおり決定した。三月分の配船に対する日本人帰国者の集結は上海二〇〇〇、秦皇島二〇〇〇、天津一〇〇〇。白山丸のレーダーは許可されない。中国外国船管理機関「中国外輪公司」への保証金は北京の中国銀行に払い込むこと。白山丸と白竜丸はまず大沽に停泊し、その後吃水がゆるせば塘沽に入港することを許される。貴電第九号の問い合わせ事項はすべて三月一〇日中村工作員の東京着次第明らかにされる。

電報第二六号

——五日午前一〇時第四次正式会談をおこなった。

一、範囲問題…中国側は重ねて従来の意見を主張し、コミュニケの中に双方の立場を述べることを拒絶した。よって日本側は打ち合わせ事項全部の内容に関して日本側の立場を示す資料を作ることを請求し了解を得た。中国側は重ねて範囲外の者を送ることはないから安心するようにと言明した。

二、三団体代表の乗船問題…船長や船員は上陸できず、かつ船長は名簿を作成するなどの任務があるので、中国側は、上陸して中国側と接触し、名簿の作成を援助し、全般にわたり帰国者の世話をするなどにつき三団体代表が乗船することを必要と認め、かつ三団体以外とは交渉することはできない。三団体の乗船に対し、もし日本の一部が反対するとすれば、中国側としては了解に苦しむと主張した。日本側は、中国の論は原則論たるをまぬかれないから、解決により技術的問題とすることを主張し、第一次船には三団体代表の乗船が必要であっても、その後の船にはかならずしも必要がないとも主張した。しかし中国側は原則上毎回の乗船が必要であると強く主張した。中国側の主張は原案第六項の「できる」を「べきである」としたものであって、これによって中国側の主張が意外に強いことがわかる。

三、会談がこのように進行しているときコミュニケの内容の変更は不可能である。日本国内には種々の困難があるかも知れないが、コミュニケ案を承諾できるものと確信する。

また、現在各地の日本人は集結を開始しており、一日も遅延できぬ状況下にあるので、熟議の結果コミュニケを承諾することに決し、五日午後四時署名した。しかし署名は公表されていない。

四、われわれ一行は明六日午前八時北京を出発する。

スターリンの死

引き揚げ問題には直接関係がないが、共同コミュニケが調印されたときに世界を驚かすビッグニュースが流れていた。そのエピソードが島津忠承著『人道の旗のもとに』（講談社）に残されている。そのビッグニュースとはソ連のスターリンが三月五日に死去したことである。

在華日本人の帰国の見通しが立ち、共同コミュニケの調印を終え、三月五日の夜、中国紅十字会の招宴が催された。その招宴のさなか、廖承志団長が宴席で、しばしば中座した。島津忠承は北京到着後に、東京の新聞社から「ソ連のスターリン元帥が重態につき、北京における反響を知りたい」という電報を受け取っていた。廖承志のただならぬ動きを島津は、スターリンの身に何かあったことを確信していたようである。

第十章　帰国の途へ

代表団、北京を離れる

三月六日、午前八時五五分、北京駅で皆の見送りを受ける。見送り人：廖承志、廖夢醒、羅博士、紅十字会から伍、趙、伍、倪、林、紀、山本熊一、松本治一郎、鈴木（病）、冀朝鼎、同秘書長。

（『高良とみの生と著作〈第6巻〉』）

三月七日、

内山完造が衆議院引揚特別委員会（三月一二日）で、

――帰ります汽車の中で、日本人で洛陽市の休養院に勤めておる人に突然会いました。それは広島県民の田中何がしという人であります。その人の話によりますと、今洛陽に日本人は百五十人おる、これは今度ほとんど帰ります、それから河南省の開封におります日本人は約六十人、そのうち四十人は帰ることになりましたということを申しておりました。その後、湖南省の長沙で、日本の婦人が夜の二時ころ、紅十字会の会員が付添って――私の一行と別に一人の松本さんという人が同車して帰りましたが、その松本さんに会うために夜二時に出て来たのであります。その人の話によりますると、長沙に約四百人の日本人がおる、そのうち二百人はすでに帰国の許可が出て出発するようになっておる、あとは帰れないのじゃないかと思って実は心配しておるのだという話でありました。

また、島津忠承は、スターリンの死に興味があったようだ。

――列車が漢口の街に入るとすぐ、私たちは、世界にショックを与えた大きな出来事を知らされた。車窓から見える街に、スターリン元帥の巨大な肖像画が掲げられ、それに黒い布がかけられていた。

（島津忠承著『人道の旗のもとに』）

三月八日午後一〇時三〇分、広州到着。
三月九日午前八時、広州駅発の列車で深圳へ。

声明文

「二月二八日中華人民共和国に入ってから三月九日離国するまでちょうど四〇日間日赤、平和、日中友好協会より成るわが代表団は中国紅十字会の招請に応じ、北京で日本人居留民の帰国問題につき交渉した。帰国を希望する日本居留民を速やかに故国に帰すために援助したいという紅十字会の好意ある態度と、この居留民を故国に迎え本人はもとより留守家族の多年の切望にこたえようとする日本側の熱意とによって会談はきわめて友好的な雰囲気の中で進められ、両者間に議まとまり三月五日共同コミュニケに署名した。内容はおそらくすでに新聞に発表されたことと思う。その要点は次のごときものである。

一、帰国者の出発港を天津、秦皇島、上海とする。
二、帰国者の数は毎回三千ないし五千人として毎回の間隔を二〇日前後とする。第一回は三月二〇日頃とし、六月下旬または七月上旬に集団帰国を打ち切る。□後帰国する者についても紅十字会は援助する。
三、帰国者の居住地から乗船するまでの費用一切を紅十字会が負担する。
四、携帯品についても、ほとんど制限がない。
五、帰国者を世話するため、三団体代表が乗船する。

この内容でも分かる通り、いずれも日中両方の実行可能なものである。われわれは中国紅十字会が日本人の帰国に対する予想以上の援助を申し出たことに満足の意を表すると共に日本人居留民の帰国がコミュニケに示された通りに実行されることを信じて疑わない。最後にわが代表団は中国滞在中紅十字会の与えた好遇に対し、衷心より感謝することを特に加える。

（『高良とみの生と著作〈第6巻〉』）

深圳に、スターリン追悼の弔笛が鳴り響く

いよいよ、中国を離れるとき、深圳で呉学文氏と高梁氏とに固い握手をして別れた後、税関検査を受けた。その様子を高良とみがつづっている。

――午後二時から四時三〇分まで荷物検査を解放軍がする。日本語と英語を話せる人のみで一人一人宛。〝高良富〞は有名な平和者だからといって、ろくに見ぬ。氷見氏の満州国宛留守家族手紙は重要物件として押収され、島津氏の菲率（ママ）数多く調べられ、畑中氏も島津氏もフィルムを取られた――

李、呉と手を振り別れる。

（『高良とみの生と著作〈第6巻〉』）

島津忠承著『人道の旗のもとに』で、この別れの際のエピソードが綴られている。深圳で出境手続きを終え、香港側の羅湖駅に渡ったとき大きな汽笛の音が鳴り響いた。

「私は、なんとなく手首の時計を見た。ちょうど五時であった。そのとき、さっきわれわれが通ってきた深圳の方向で、列車の汽笛が鳴った。長く尾を引いたその汽笛の音は、普通の合図ではなく、スターリン元帥のための弔笛であった。それは、長く尾を引いて、響いていた」

実は、島津忠承の母親が中国訪問中に亡くなったことを、広州で知らされた。それも死亡してから既に四十日以上が過ぎていた。彼はスターリンの死が母親のものと重なり、列車の汽笛が、嘆き悲しむ哀悼の音色に聞こえたのかも知れない。

板垣総領事。ＰＡＮＡ記者に写真とらる。羅湖《らこ》（香港側の地名）以南共同時事通信。朝日毎日読売が入る。九龍につく。大公報外事記者多し。

三月一〇日、各新聞社見送り、九人飛び立つ。

高良とみの偽電報が流される

衆議院引揚特別委員会（三月一二日）で、中山マサ議員から高良とみ女史に下記の質問が出された。

――三月一〇日の朝日で、高良とみ氏は、技術者は帰れぬということを御発表になっておりますが、十一日の同じ朝日では、全部が帰れるのだということを言っていらっしゃいます。ところが、代表団が向うにおいでになりましたときに、鹿児島県の留守家族であったかと思いますが、東京までわざわざ来て、自分の父なる人は技術者であるが、帰りたいのだが、今になって奥地に転勤を命ぜられたので、帰れないのではないかと非常に心配していると新聞に出ておりましたが、これは高良参議院議員にお尋ねいたしますけれども、全部帰れるというのがほんとうでございますか、それともまた十日に出ております技術者は帰れぬというのがほんとうでございますか、お答えを願いたいと思います。

高良参考人：香港からの電報らしいのですが、私はそういうことを一言も言ったことはないのであります。聞くところによりますると、香港市に私どもの一行が入ります時間が遅れたために、外国通信社等で、この人はこう言うだろうという予測を、すでに作文を発送しておったということを領事館から聞きましたので、帰ってから、それもその一つではないかと思って聞いたわけであります。今日、すべて帰れるということは私も確信いたしております。

帰国発表があってから奥地に移動したということもあり得ることでありまして、それは帰さないために移動させたのではなくて、何か技術上の都合で旅行の許可を与えて、その人の乗船がきまるまでそこにおらせておるということは、多くあることであるようであります。技術者とか、そうでないとかいって差別をすることは、中国は絶対にしないということを公言しておりますし、また会談の席上でも、帰りたい日本人は中国の国境内、すなわち政治の及ぶ範囲内においては責任を持ってみんな帰しますから御安心くださいということを、幾たびか証言されました。

なお、特殊なケースとして、先ほど工藤代表からお話のありました戦犯と、それから国内法を守らないために公安局等における人たちのことについても、最後のときに確かめておりますが、そういう例もあることは事実であります。しかしそれも、その法律を守らないために入っておりましても、刑期を終えれば——というのは、ごく短かい期間でありますが、元の住民の地位に復するのだから、これは必ず帰すと申しておりますので、技術者は帰れないということは絶対にないと私は思うのであります。ただ本人が希望してその仕事をしたいという希望残留はあります。

羽田空港での混乱

三月一〇日午後八時四六分、ＢＯＡＣ機で羽田到着。空港には肉親の安否を気づかう家族や政府関係者が多数で迎える。

羽田空港の様子が『日本と中国』（一九五三年三月二〇日）に紹介されている。

――初の国民外交のつとめをはたしてきた代表の顔を一刻も早く見ようとして、代表の家族・留守家族・二団体の代表や、協力会一般民主団体の代表はバス三台に分乗して六時十分に羽田空港に到着したが、ここで誠に驚いたことには、バラバラと飛び出してきた警官は、空港長の通達だと三台のバスの入場を禁じてしまった。われわれが代表団の家族や単なる出迎えの者ばかりだからと理を尽くして説明しても指揮官はＭＰの顔色を伺いながら頑として応じる気配もなく、バスの中では代表の子供たちも「早くお父さんの所へ行こうよ」と騒ぎ始める始末。やむなくバスを降りて詰め所に交渉に行った。

この空港には出迎えの者が入ったらいけないという規則があるのか？

「ない、空港長の通達があったので入れない」

いつその通達があったのか？

「今日の午後五時にあった」

どんなかたちで出されたか？

「文書だ」

それを見せろと追究すると、

「口答の通達だ」

と交渉していると、既に手配してあったものとみえて、警官一個中隊がざっとバスの前に棍棒を構えて包囲してしまった。やむなく代表を選んで長官に交渉に行ったが、事前から計画されていたものとみえて責任者はどこを探してもおらず、時間は刻一刻と迫ってくるのでとにかく家族の代表だけでも先に入れなければと、詰め所に押しかけたのでその圧力に押されて仕方なく、代表の家族には証明書？を渡して、しぶしぶ通した。

この間各党の議員団もしばしば交渉し、帆足議員も何回にもわたってロビーと警備所の間を往復したがらちがあかず、そのうちに警官隊は乱闘服を着た予備隊六十名と交替した。あまりもの暴挙に自由党の議員たちも「なんたることだ、出過ぎている、国会で徹底的に追究してやる」とカンカンに怒った。バスは最後まで動かなかったが到着した代表が車を逆にこちらに回してきて初めてで迎えの人たちと感激の握手を交わした。

「羽田始まって以来の現象を呈し、佐藤衆議院引揚委員長、大谷参議院同委員長をはじめ多数の出迎えた議員たちもこの暴挙を詰問するため空港長室に詰めかけたが責任者は姿をくらまし、飛行機が着くまで八方手を尽くしても出てこないという、全く計画的とみられるやり方に一同非常に憤慨した」

（『日本と中国』一九五三年三月二〇日）

島津団長のステートメント

島津団長は下記のようなステートメントを発表する。

「交渉は約一五日間の非公式的意見の交換による準備会談を経て正式会談に移り、数回の正式会談をもって配船その他の問題につき議がまとまりました。その結果まず五〇〇〇人の邦人が第一船で三月末ごろ帰国、その後二〇日前後の間隔をおいて三〇〇〇ないし五〇〇〇の邦人が相次いで帰国することになりました。会談は終始友好的な雰囲気のうちに、しかも順調に進行しました。これは一方においては中国側が帰国を希望する中国在住邦人はすべて一日も早く帰国させるために積極的援助を与える用意のあることをはっきり示し、他方、日本側は中国在住の邦人およびその留守家族の心中を案じ、配船その他において万難を排し、中国在住邦人の帰国実現をはかろうと決意して折衝にあたったたからです。

かくて二月二〇日から交渉の結果は日中両代表団の共同コミュニケとして発表されているところでありま す。その内容のある部分については若干の異見や、不満を持つ向きがあることをわれわれも聞いていますが、今回の交渉はいまだ正常の外交関係が存在しない日中両国間において、複雑微妙な国際情勢を背景におこなわれたものである事実を国民の皆様に十分理解していただきたいと思います。

また今回のような日中両国の国際関係において、三万前後におよぶ日本人居留民を無事本国に帰国させるという仕事は両国民の信頼と協力を基礎にしない限り、実現はとうてい不可能であることも理解していただきたいと思います。

われわれ代表団は諸般の情勢を十分に検討した上、すでに発表されたようなコミュニケに署名して帰りました。われわれはコミュニケに示された事項を予定通り実行し、すでに中国の港に続々集結しつつある中国在留邦人を一日も早く祖国に迎えたいと念願するものであります。

中国在住の居留民たちは何年ぶりかで祖国の土を踏み、留守家族や友人に会える喜びにあふれていますが、しかし他面帰国後の生活問題には非常な不安を抱いています。国民の皆さんにどうか祖国に帰って来る同胞に温かい支援の手をさしのべていただくよう切望します。

なお、最後に今度の交渉に際して国民の皆様と中国紅十字会に対して謝意を表していることをつけ加えます」

（『日本赤十字社社史稿第６巻』）

到着早々の帰国報告

帰国早々一行は、帰国報告のため、外務省に向かった。疲れも重なり、政府職員との間で意思疎通がうまくいかない場面もあったようだ。衆議院引揚特別委員会（三月一二日）で平川篤雄議員と平野義太郎氏との応答が記録に残っている。

平川委員…それでは、もう一点だけ。皆さんが御帰国になりましたときに、政府に御報告があったようであります。新聞を見ますと、政府なんかに報告する必要はないというので大分騒いだそうであります。

平野参考人…帰りましたあの晩に、飛行機が二時間遅れて、七時につくのが九時になりまして、五日間の長い飛行機旅行で、みな疲労しておりました。しかし、報告する必要がないということを言ったとも思いませんし、われわれは一日も早く全国民にも国会にも政府にも報告したいという感じを持っておりました。ただあの晩は、九時になりまして、それからまだ税関の手続などやって、それから外務省に行きましたのが結局十一時過ぎで、家へ帰りましたのが、二時の人もあり三時の人もあったわけでありますから、あのときは帰る早々の、しかもおそく帰って来たという事情のもとで、どなたか――むろんこの代表団ではなかったと思いますけれども、そういうような発言があったとすれば、あの事情のもとで、帰って来て早々で、疲れていて、十一時、十二時というおそい時間になったことが原因だろうと考えます。私どもの考えは、全国民にも国会にも外務省にも、皆さん方と諮って、円満迅速に解決して行くことが一番大事だと思っておりますことをはっきりこの際申し上げます。

中国側の気持は、先ほど来お話のように、ともかく自分で願って帰りたい人はどなたでもすべてお帰しするということですから……。

第十一章　代表団、衆議院と参議院での証言

三月一二日、衆議院（午前十時五十四分開議）「海外同胞引揚及び遺家族援護に関する調査特別委員会」と参議院（午後三時三十二分開会）「中共地域からの帰還者援護に関する特別委員会」が開かれ、三団体の代表と高良とみが委員会に招請された。主なやりとりを紹介しよう。まずは、衆議院の特別委員会で、

佐藤洋之助委員長…これより会議を開きます。

本日は、中共地区残留同胞引揚げ促進に関しまして、在華同胞帰国打合せ代表団の方々により事情を承ることにいたします。

ただいまお見えになっておる代表団の方々を御紹介申し上げます。

まず副団長の平野義太郎君を御紹介申し上げます。（拍手）

次いで参議院議員高良とみ先生を御紹介申し上げます。（拍手）

次いで日本赤十字社外事部長工藤忠夫君を御紹介申し上げます。（拍手）

次いで日中友好協会常任理事加島敏雄君を御紹介申し上げます。（拍手）

日本平和連絡会事務局長畑中政春君を御紹介申し上げます。（拍手）

なお、団長の島津忠承君は、発熱せられまして、本日は御欠席になりましたことを御報告申し上げます。

これより参考人の方々からお話を承ることにいたしますが、その前に、御列席の参考人の方々に一言ごあいさつを申し上げます。このたびの中共地区残留同胞の引揚げ問題については、集団引揚げ中絶以来、留守家族はもとより、国民ひとしく待望いたしておりましたところでありまして、われわれも在華同胞帰国打合せ会談の成果を期待いたした次第でございます。本日ここに帰国せられた代表団の方々より、この会談の経過並びに結果について事情を聴取し、もって本委員会の海外同胞引揚げ促進に関する調査のよき参考といたしたいと存ずる次第でございます。各位には、長途の御旅行より御帰国早々、まだ旅装もお解きにならず、お疲れのところを御列席を煩わし、委員長として厚く御礼を申し上げる次第でございます。

それでは、まず平野参考人より、帰国に至るまでの中共地区残留同胞帰国に関する交渉の経過並びに結果について、その概要のお話を願いたいと存じます。平野義太郎君。

平野参考人…まず最初に、在華同胞引揚げにつきまして国会議員各位から終始御援助をいただきましたことを厚く御礼を申し上げる次第であります。今日島津団長が発熱せられましたので、団長よりまず最初のごあいさつを申し上ぐべきところ、かわりまして私から一言ごあいさつを申し上げたいと思うのであります。

一月の二十六日に出発いたしましてから、三月の十日に帰りますまで、四十二日間の日を経たのでございますが、二月の三日以来非公式に意見の交換を行いまして、正式会談に入ったのは、到着以来十五日目の二月十五日のことでございました。このように最初の正式会談までに日数を要しましたわけは、何と申しましても三万人もおられる多数同胞の帰国問題のことでありますから、相互に十分に資料を出し合いまして、下相談を尽しまして解決に持って行きたいということで進んで参りましたから、そういう考慮が入って下相談の時間が長くかかったわけであります。でありますから、第一回の正式会談が始まりまして、基礎問題が討議をせられまして、了解がつきました以後は、会談は比較的順調に進捗いたしまして、わずか四回の正式会談で、配船その他の具体的な問題につきまして議がまとまった次第でございます。その結果、第一船では五千人のわが同胞が三月二十六、七日ごろには日本にお帰りになれる。その後は大体二十日前後の間隔をおきまして、三千ないし五千名の邦人が相次いで帰って来られることに相なりました。

会談は終始きわめて友好的な雰囲気のうちに行われましたが、これは中国側が、帰国を希望する日本居留民すべてを一日も早く帰国させるためには積極的な援助——汽車賃などすべてただにするとか、いろいろな援助を与える用意があることをはっきり示しましたし、また日本側は、中国在住の邦人及び留守家族の心中をお察し申し、配船その他において万難を排して邦人帰国の実現をはかろうとしたからでございます。交渉の結果は、三月五日私どもの署名をいたしました共同コミュニケなり、中国側の公報にすべて織り込んで発表しておりますから、詳細は省き、また後に御説明申し上げることにいたしたいと思います。

なお、その内容のある部分につきましては、若干の御意見あるいは疑点もおありになる向きもございましょうが、今回の交渉は、いまだ両国の間に正常な外交関係が存在していないという特殊情勢のもとに行われているものであるということ、並びに三万人前後に及ぶわが同胞を一日も早く帰国させ、また五十万以上にも及ぶ留守家族に満足を与えて、長きにわたる両者の望みを実現したいという一念から行われたものでありますから、この公報、コミュニケ通りに実行されるものと確信してやまない次第であります。

中国在住居留民たちは、短かい者は八年、長い者は十五年、三十年、あるいはそれ以上も現地に住んで、生活の安定を得ておる者も多いのであります。帰国後の就職、住宅などにつきましては、一抹の不安を感じておりますから、これらの同胞の帰国の喜びが生活の不安に打消されることのないよう、十分の御措置を講ぜられるように、特にここで御配慮を願いたいと思う次第であります。

畑中参考人…もうお三人から述べられておりますので、補足することもありませんがただ一言申し上げたいことは、新しい中国の人たちの政治経済方式、またそこから出て来るところのものの考え方というものが、われわれが住んでいるこういう政治経済方式と、そこで持っている考え方というものとは非常に隔たりがあるし、われわれがこういう環境の中で、中国の人はこうもあろうと想像しておっても、そのこととも非常なずれがあるということが、今度の会談を通じて私はよくわかったのであります。そのことは、たとえば、先ほど高良さんから言われましたが、帰国と引揚げという言葉の使いわけ、これは、日本の新聞あたりでは、さすが中国人は漢字の国で、文字のことはなかなかうまいことを言うものだなという、ひやかし半分の批評みたいなこともありましたけれども、そういうような生やさしいものでは決してない。帰国と引揚げというような言葉の使いわけは、文字の国だからうまいことを言うというような、そういう生やさしいものでは決してないということ、また三団体の乗船を認めるか認めないかというような問題が非常に中心的な問題になっておりますけれども、こういう問題につきましても、ほんとうに中国の人たちの考えというものをわれわれは十分に理解しなければ、この問題はほんとうにつかめないということを私は考えているのであります。いずれにいたしましても、中国の人たち、この人たちは、われわれが長い間いろいろな形において接触してよく知っていると思っておりましょうが、新しい中国の人の考えというものは非常にかわって来ている。そして、このかわって来ている人ではありますけれども、しかしやはり、お隣りの日本の国民と仲よく平和に暮したいという一点においてはかわっておらない。そういう仲よく平和に暮したいということの人たちの気持を、やはりよく率直に認めて、そうして中国の国民と日本の国民とが信頼し合って、そうしてものを話して行かなければ、複雑な、微妙な、困難な国際情勢において、三万人というたくさんの日本人を一方の国から他の国に帰っていただくというような仕事は、とうてい順調になし遂げられるものではないということを私は痛感したのでございます。この点につきましては、後刻、皆様からいろいろな御意見もありましょうし、その都度々々お答えすることにいたしたいと思うのであります。

工藤参考人…十二月一日の北京放送の趣旨によりまして、大体先方は民間団体であるところの紅十字会、こちらは日本の適当なる機関または他の人民団体というような表現でありましたので、大体の想像はついたのでありますが、あちらに参りまして、今回の交渉は、先ほど平野副団長からも申されました通り、人民団体同士の交渉である、日本政府を相手にしないという立場が、非常に明確になったのであります。実は私は、赤十字の代表者といたしまして、第一回の正式会談の際、実は向うの紅十字会の代表であります廖承志団長から、日本政府の立場を、中国の立場から見て、アメリカに使われている、そして国民政府と講和条約を結んで、中国の国民に対して敵意を持っているというようなことが言われまして、こういう人道主義の会議でそういう政治問題が出るということはどうかと思いましたけれども、その後中国の各団体を訪問いたしまして、いろいろのことを聞きますると、結局日本の過去の帝国主義に対しては中国国民は非常にこれを恨んでいる、しかし日本国民に対してはかわらざる友情の関係を持っている、こういうことを至るところで、同じような口調で聞きました関係から、これはどうも、別に廖さんが政治的な意図をもって言われたのじゃない、結局民間団体を選ぶにあたっての一つの理由、また民間団体としてわれわれ三団体を選んだことを裏から言われたのじゃないと思って、大して気にしておらなかったのであります。事実、経過に徴しましても、政府を相手にしないが、三団体の代表を日本国民の代表として十分信頼してやるという態度にはかわりがなかったのであります。そういうぐあいでありますから、三団体の代表が船に乗るということで相当いろいろの問題を起しておるようでありますが、この船に乗るという問題も、結局そういう思想の一環でありまして、この船に乗るや乗らないやの問題は、もともと三団体を日本の代表として選んだことが適当であったかどうかという根本観念にさかのぼって解決すべきものと思うのであります。そういうわけでありますから、三団体の代表が船に乗れということを向うが言うのは理論上当然なのでありまして、この問題は、われわれが当初に選定されたときの問題とあわせて合理的に解決されるべきものだと思っておりますす。私はそういうように解しまして——中国側が三団体代表を選んだ理由について、みずから質問をしたのでありますが、その裏づけとなる理論がそういう趣旨でありましたし、その団体が乗船することによって帰国が最も円滑に行くというような確信に満ちた言葉がありましたので、われわれとしては中国側の要望を受諾したわけであります。

それから、私個人の感想を申し上げます。会議の持ち方につきまして、畑中さんも言われましたが、両方とも社会組織が異なるという見地から、われわれはお互いに机の前にすわって、完全に、もう思うままをしゃべって、その場でどんどん事を片づけて行くのだ、こういうつもりでおりました。ところが、先方は非常に計画的な交渉方法でありまして、大体の方針を定めて来て、その範囲内で交渉する。そしてわれわれの方が意見を出しますと、その意見を記入いたしまして、われわれの意見の表示あるいは要望に対して先方は慎重に研究して、また会議に臨んで来るというようなことで、その場その場で片づけるというよりは、大体正式の会議で問題を解決して行く、こういうような方法になりましたので、わずか一週間や十日でなかなか片づかなかったというようなことも、そういう会議の持ち方に関する相互の立場の相違ということで多少長引いたということはあります。また、こういう先方のやり方に対して、われわれが認識不足であった、――早く資料を思う存分出しておけばまだ少しは早く片づいたかと思うのでありますが、そこは長く両者の間に連絡がない関係から、相互の認識が不足であったということにつきましては、われわれも責任の一端を負担しなければならないと思っておるのであります。しかし、一たび根本的な問題について相互の立場がわかりますと、問題はきわめて円滑に進行いたしまして、初めは十五日もかかりましたけれども、十五日からは、わずか十日で、根本問題から実施問題にするすると動きまして、問題が早く解決されたような次第であります。私の感想といえば、まだたくさんありますけれども、大きな問題はそういうような問題であります。そして中国側のわれわれに対する歓待ということは非常なものでありまして、国民代表としてのわれわれに対する態度はきわめて好意に満ちたものでありました。

それから、日本の在留民に対しましても、決してわれわれが想像しているような――この想像するというのは、結局は疑心暗鬼を生ずるというようなところから、相当虐待しているのではないかというような考えもあると思いますが、実際には、私は現場はいろいろ見たわけではありませんが、新聞を見たり、中国の雰囲気の中にあってホテルの窓から社会情勢をながめるとか、それからまた中国の要人たちと接して話したところ、あるいは在留民から手紙――私はその手紙をたくさんは受取らなかったのでありますが、受けたところによりましても、相当生活の安定を得ているということは、もう確実な事実であります。こういうようなぐあいでありますから、出る前には、港まで出るいろいろの手続とか、それから旅費なんかは一体日本政府が負担すべきではないかというような議論もわれわれの団体の部内からも出たくらいでありますが、行ってみると、いきなり向うから、旅費は全部おれたちが持つというような話で、われわれは向うの寛大な態度に逆にびっくりしたような次第でありました。それから、さらに出国手続につきましても、写真代が幾らいるとか、手続費用に幾らいるとか、それから借金があるかないかというような広告について相当額の金がいるとかいう話を、前の船で帰った人から聞いたのでありますが、そういうような費用は今回は一切いらないというようなお話であったのであります。そういうぐあいで、旅費は港まではただ、食糧もただ、それから荷物も、実はあの共同コミュニケの中に、荷物は五十キロまでは紅十字会が負担し、五十キロを越えるものについては帰国者自身の負担だということがあったのでありますが、内山さんの御注意で、それでは一家族でやる場合でも結局五十キロ以内かというような疑問が出ましたので、これは各人について五十キロと了解するが、それでいいかと言うと、これは間違っておった、文意が明確でないから、各人についてということを特に入れましょうというように、わざわざ団長から訂正がありまして、われわれは先方の明確な態度に感心したような次第であります。それから、持って帰る金につきましても、一定額を各港で外国貨幣に換算することができるというように非常に制限する趣旨で書いたけれども、お金の問題は、実際問題としては無制限にかえて帰す方針である。瀋陽から帰ったある日本人で、約八千万元持って帰る人があるが、これは中国でも相当な金であるけれども、これらは一定額と言っているけれども、みなかえる、――八千万元といいますと、大体百二十万円くらいになるのではないかと思います。その他二、三千万元持って帰る人もずいぶんあるけれども、これらはいずれも各港あるいは中国側の指定するところで香港ドルにかえて帰すというような明確な発言があったのであります。われわれは、こういうような中国側の好意を予想以上にいいものと思いまして、中国側の態度に感謝の辞を述べたような次第であります。事実団長は、自分たちはうそは言わない、発言したら必ずそれを実行するから、皆さん安心してくださいというような言葉でありましたので、私たちは、その約束を確実に実行されるものと信じまして、先方の言葉を了承して、コミュニケにサインしたような次第であります。

受田新吉委員…御一行に御労苦を深く感謝しまするとともに、ごく簡単にお尋ね申し上げたいと思います。私たちは、ポツダム宣言によって、海外の軍人たちが引揚げることに対して、各国が心から協力してくれたことを感謝しているのでありますが、特にソ連も、遅れたりとはいえ、日本政府の要員を乗せてナホトカに日本船の入港することを待ち受けてくれておりました。ところが、今回、中国側の日本国に対する態度としては、民間三団体に重点を置かれて、日本政府を考慮されていないというその理由の一つに、戦争状況にあることがあるのでありますが、この点、従来日本に対して捕虜引揚げに協力してくれた国々は、いずれも日本政府を相手として取扱ってくれたのでありますが、中国だけが特に日本政府を相手としなかった理由をおただしいただけなかったでございましょうか。これを工藤さんからお答えいただきたいと思います。

工藤参考人…今回の問題につきまして、私たちは、出発するにあたりましては、外務省ときわめて密接な連絡をとりまして、今回の協定は外務省の了解がなくてはいけないというようなお話で参ったのでありますが、行って先方の態度を見ますと、先ほども申し上げましたが、日本政府を相手としないという態度はきわめて強硬なようでありました。そして、日本人民の代表者であるところの団体と交渉して物事をきめたいということで、この点は、新しい中国政権の確固たる方針のようでありまして、日本政府、ことに吉田政府は相手にしないという強い態度が見えたのであります。会議の席上で、日本政府という言葉を使いますたびに、先方ではこれを快しとしない。通訳の人もこれをさえぎるというようなことで、私としましては特にその感じを深くいたしました。

そういうわけでありますから、われわれは、日本政府の問題ばかり前へ出して、この問題をみずから不幸な立場に導くということは、非常によくないことでありますから、日本国民の代表者としての立場を堅持して、中国側と交渉しまして、日本の連絡事務所の方が裏において政府と十分連絡をとってやってもらうという立場をとったのでありまして、われわれは、電報におきましても、日本政府の問題、日本政府はこういうことをやってもらいたいということをしばしば言っております。しかし中国は、それまで禁止するというような態度はとりません。またわれわれの態度は、人民の代表である――向うは人民と言いますが、私は民間と言っております。この民間代表と交渉するという態度を堅持しているだけであります。しかし、裏でわれわれがどんな交渉をしようと、

──電報にはずいぶん思い切ったことも書きましたけれども、それは知らぬ顔をしておったようでありまして、われわれが政府と話をしているということは向うもよく知っております。

向うの立場はイデオロギーの問題だと私は了解しております。それから、日本政府とソ連との間に問題が起きなかったというのは、今度は独立した問題でありますし、前は占領治下でありましたから、そういう問題がどうであったか、私はよく知りませんけれども、今度だけは、とにかく独立国でありまして、独立してしまうと、向うは、日本政府の立場が明瞭に現われて来るから、日本政府と交渉するという立場は絶対にとらないというような態度であったようであります。

受田新吉委員…ソ連政府も、戦争状況の継続、すなわち占領期間中においてすら、日本政府を相手にしてくれたわけなんです。しかるに、今日の中国との関係は、独立の形はとられたけれども、非常に平和的な形で、中国の称しておるような戦争状況にあるわけなんです。従って、何らそこに支障はないはずであるから、ソ連がとった態度以上の深刻な態度をおとりになった理由を私は非常に了解に苦しんでおるのです。この点について、もう一つ、これは畑中さんにもお尋ね申し上げたいのですが、今回の帰還船が中国の領海へ入ると、日の丸の旗をおろして、中国の旗を立てなければならないという申合せをして、──公電第十号でございましたか、お帰りになっておられるのですが、この中国の領海に入ると中国の旗を立てなければならないという理由はどこにあるかを、代表団としてはどういうふうに御了解なさったか、お伺いしたいのであります。

加島参考人…私からちょっとお答えさしていただきます。ソヴィエトの前の引揚げの問題と今度の問題との根本的な違いがあるのではなかろうかというふうに考えております。ソヴィエトの場合には、当時日本の政府に外交権がなかった。そういう事情のもとにおきまして、アメリカの代表と、それから対日理事会のソヴィエト代表との間に協定が結ばれ、従って、それの執行機関としての政府職員が乗っておったというふうに了解されるわけであります。

現在の日中間の状態につきまして、中国側の考え方はどういうふうな考え方をしておるかと申しますと、要するに、日本の政府は中国に対して明らかに敵視しておる、つまり何らのつき合いも持とうとしていない、その政府職員が中国の領海に入って来る、そこに何らの話合いがあっての上でなくて、そういうふうに態度全般が全然敵視しておって、しかも現実の事態としては、政府としては何ら了解なしに領海に入って来る、こういうことについて非常に手きびしい態度をとったというふうに私は了解しておるのであります。

さらに、船舶の問題につきまして、領海に入って中国の国旗をあげるということにつきまして、私は船舶の方は詳しく存じませんけれども、これは大阪商船の中村氏――われわれの代表団と一緒に行きました工作員の方でありましたが、その方の意見によりますと、国際習慣で、他国の領海に入る場合にはその国の国旗をあげるということは船の大体の国際慣習だそうであります。われわれはそういうふうに了解したわけであります。

畑中参考人…私は第二点だけ簡単にお答えいたします。中国側は帰国という態度でこの交渉に当っておるということは事実であります。しかし、その帰国であるという態度を、日本の国民が中国の領海を離れて日本の国内に帰って来たその後においてのいろいろな行動にすべて要求しておることは少しもありません。これは日本の国内の問題だ、ただ中国にいる日本人が領海を離れるまでの措置、これは中国の主権下におけるところの措置でありますから、この措置を講ずる限りは帰国である、こういう立場に立って中国は折衝しておったということを申し上げたい。それから、中国を離れて以後、日本においてはどうしろ、援護をどうしろとか、就職は必ず何々すべしとか、こういうことは少しも言っておりません。これはわれわれ国民が決定することである、かように考えております。

堤ツルヨ委員…御報告を承っておりますと、居留日本人の方々との御連絡は一向なかったように拝聴いたしたのでございます。乗船地の集結状態であるとか、日本居留民の方々などの生活状態なども、隠すことがいらなければ、どんどん見せたらいいのですから、そういうものも視察してまわられたのか、あるいは視察することを許されなかったのか、またあなた方が積極的に視察しようとなさらなかったのか、その点を承りたい。

畑中参考人…もしもそういうことをやりますと、北京ホテルにあちらからもこちらからも毎日々々日本人が押しかけて来る、私の家はこうだ、どうぞ早く帰してください、帰してください、そういう個人的なことをどんどん陳情しおったら、あなたたちの頭がすっかりこんがらがってしまう、そうして交渉が妨げられるでしょう、ここでじっくりとあなたたちが交渉されるのに、われわれのいわゆるプライヴェートないろいろな問題は抜きにして、どうか大局的にぎっちりと交渉されるようにと、じっと見ておったのです、そうして交渉がいよいよまとまれば、さっそく皆様とお会いしていろいろ話したいというようなつもりでおったのです、ということなんです。そこで、いよいよ交渉のコミュニケができて、署名と来たその一時間後には、北京の人たちが十人近く集まって、われわれは会えたのです。……

工藤参考人…今の在留邦人との面会の点について、私、畑中さんとは少し見解を異にするので、私の立場だけをちょっと申し上げておきますが、到着しました日の翌日、私がぜひ在留民と会いたいということを申し入れたのです。事務局を通じて正式に申し入れておいたのでありますが、考慮するというお話だったのです。ところが、その後なかなか向うの方からの連絡がない。そうかといって、私たちは個人的に知っている人が北京にありませんから、実は積極的にどういう人を訪問したらいいかということもなかったので、実は来訪を待っておったのでありますが、北京ホテルに私たちに面会を求めて来られた人も相当あったやに聞いておりますが、向うではやはり各人部署について、なかなか規律が厳重で、ホテルに入れない。すごすご帰った人も相当あったようであります。

そういうわけで、これは何も日本人だけに会わさなかったという趣旨ではないので、これは結局中国の政治組織の一つの現われでありまして、われわれだけに積極的に会わせなかったというわけではないと思います。ただ、各人が中国ではかってに行動ができるかというと、それはいろいろの中国の政治組織、社会組織から、これは公のためにはみずからを犠牲にするということが中国の新組織のイデオロギーでありますから、なかなか個人の自由が、そうわれわれの社会のようにかって気ままに行けるわけではありません。そういうわけですから、私は個人的に会った人はありませんでした。おそらく会いに来た人もありましょう。これは、あとで手紙で、会えなかったということを言って来ておる人もあります。

しかし、最後には、向うの方も責任を感じまして、最後の瞬間に、いよいよ明日立つという、調印が終った直後に、十人ばかりの人が来られて、私たちは会ったのでありますけれども、もう私は報告をやらなければならぬ、八時半には宴会があるというので、十分に話す時間がなかったのですが、ほかの代表の方々がお会いになりまして、そういう方の詳しい話を聞かれたように聞いております。そういうぐあいで、私たちは会うことを希望したのですけれども、実は会えなかった。

いわんや、港に行くということは、これまた中国は今戦時状態である。そういうわけで、防諜の点が非常にきついので、戸外で写真をとることも相ならぬ。レコードもとってはいけない。そういうようなことで、中村工作員は天津に行って外輪公司と話したいと言われたのでありますけれども、天津からわざわざ外輪公司の代表者を呼んで、われわれのホテルで話したというような状況です。しかし、軟禁ということでもないので、ホテルの付近を自由に歩くこともありました。そういうぐあいですから、ひとつ御了承願いたいと思います。

佐藤委員長…これにて参考人よりの事情聴取を終ることにいたします。

参考人の方々にはお疲れのところ長時間にわたり在華同胞帰国打合せ会談並びに現地における残留同胞の状況を詳細にお話をくださいまして、本委員会の海外残留同胞引揚げに関する調査の上に多大の参考となりましたことを、ここに委員長より厚く御礼を申し上げます。まことに御苦労さまでございました。

これにて散会をいたします。次会は公報をもってお知らせいたします。

つぎは参議院引揚特別委員会での質疑応答をみてみよう。

委員長（大谷瑩潤君）…では只今より中共地区よりの帰還者援護に関する特別委員会を開会いたします。

実は今日、中共地区からの帰還者に関する打合せのために民間代表として一月の二十六日日本を御出発下されまして、去る十日、一昨日でありまするが、十日に御無事に御帰朝を頂きました島津団長以下七名の代表者の皆さん方に今日御出席を頂きまして、四十四日間に亙りまする北京におきましての引揚に関しまする会議に御列席下されました実情を本参議院の特別委員会におきましても承りたい、こう存じまして、実は御多忙であり且つ又長期の御旅行で非常に御疲労になっておりまするにもかかわらず、押して御出席をお願いを申上げましたような次第でございます。ところが快よくお引受けを頂きまして、今日御出席を頂きましたことは我々委員一同に代りまして厚くお礼を申上げる次第であります。

つきましては、私どもといたしまして皆様方のお話を今日承りまして、そうしてすべての点に冷静確実なる判断を以ちまして、将来のこの帰還のかたがたの運営の面におきましても、当委員会といたしまして全力を挙げて参りたいというような考えを持っておるような次第でございます。ただ、今日島津団長さんが御病気になられまして御出席を頂かれないという点につきましては誠に残念に存じまするが、御病気とあればやむを得ないことでもあり、且つ又一日も早く御平癒を下されまして、そうしてこの引揚の問題に対し、いわゆる帰還の問題に対し、この上ともの御尽力をお願い申上げたいということを、当委員会において他の皆さん方にまでお願いを申上げておくような次第でございます。甚だ失礼ではございまするが、私から一言皆に代りましてお礼の言葉を申述べた次第でございます。
これから順次御発言を願いたいと存じまするので、どうぞよろしくお願い申上げます。

紅露みつ君…大変お疲れのところ御出席頂きまして、なお御質問が出まして御面倒かけますが、だんだん話を伺いますと、国交も回復しておらず随分御苦労なさったということはわかるのでございますが、皆さんのお立場ですが、これは勿論民間団体として向うと交渉なさったわけでございますが、紅十字会のほうはこれは政府と一本になっておったわけでございますね。ちょっと一問一答を許して頂きたいのですが紅十字会というのは向うの中共の政府とは一本でございますね、こちらへ当る交渉は……。

参考人（工藤忠夫君）…建前は紅十字会は民間団体であります。これは国際赤十字の規則がありまして、民間団体であります。併し中国におきましては今度の声明によりましても中国政府の依託を受けて交渉しておるわけです。紅十字会は日本側においては、我々は日本政府といろいろ話合ってものを決定するというふうに了解して参ったのでありますが、向うのほうではそれを認めないという立場をとっておるわけであります。日本政府を認めないという立場をとっておりますから、向う側は日本の人民団体の代表と、こうみておるわけであります。

紅露みつ議員が三団体代表の乗船問題について質問した。

参考人（畑中政春君）…なお三団体が乗ったり何かすると大変混乱するだろうという御心配もちょっとわからないこともありませんが、併しあの最後のときに三団体を乗せなければ……、これは乗せるということは絶対必要なんです。これは工藤さんから最後まで政府の意向を強く向うに伝えたのです。これは政府、政府ということは勿論申しませんが、日本の或る一部に、これに反対な意見があるのだがどうだという意見を最後まで出したのですけれども、とんでもない、こういう三団体が来なければ絶対入れない、若しそういうことに反対する人があったならば、そのことによって向うでは帰国、ここでは引揚という言葉になっておりますが、引揚問題が、これに障害が起きたときに、その反対者は責任を負うべきであるということを明確に言ったわけであります。私たちはそのときに、率直に申上げますが、三団体が乗るということが絶対に必要だという中国の意向を、若しそれなら私たちはもうサインをやめましょうということになったらどうなったでしょう。もうすでにどんどん日本人は港に向って集結をしておる。それから船はもう来る準備をしておる。こういう状態の中で、それは恐らく驚くべき混乱が起ったじゃないかと私は考える。そういう意味におきまして、そして従っていろいろ我々もない智慧を絞り、いろいろ判断をしまして、政府その他に一部の御不満もあろうけれども、これは帰ってよく御説明申上げれば必ずや納得して頂けるに違いないという一応の判断の責任を我々はとったわけであります。そういう具合に、今度のコミュニケのいわゆる性格はそういうものだというように私は了承して頂けるのじゃないかと思います。

紅露みつ君…非常に御苦労なさったということがわかりますし、まあ蹴れば、向うの要求をこちらが拒絶すれば、それは非常な混乱が来たであろうとおっしゃる。そうであったろうと私どもも思いますけれども、最後まで日本政府はこれに反対をしておられたように承知しておるのですけれども、どうしてもう少し交渉をなさることができなかったのでしょう。やはり今のように非常にせっぱ詰ったということで承認をなさっていらしたわけですね。

参考人（畑中政春君）…その点で、いよいよサインを最後の五日にするというときに、つまり日本側の、いわば政府側の最後の意向を求めたわけです。それに対する回答が参りまして、我々はいろいろ検討しました。ところがその政府側の回答は、三団体が乗るということは必ずしも必要だとは思えない。そういうような表現なんです。それからこれほど困難な問題でありまして、政府がこれをどうしても交渉しろ、この問題で若し中国が納得しなければ決裂しても引揚げて来いというくらいな、まあ或いはそれに近い、或いはそういう雰囲気のある文言はそこに一言もなかった、実際……。つまりそれは必ずしも必要ないのじゃないか、この三団体が乗るということは……、だからこの意向を伝えてくれという式の電報は打って来たわけであります。ですから我々もそこで情勢判断をいたしまして、で、もういよいよ六日に出発するということも日本の政府は知っておるわけであります。更にこの出発を延期して、多少は配船の期日が遅れるのも止むを得ないから、例えばやってくれというような言葉の一言も入っていなかった。その点はやはり日本政府のほうでも、この困難な事情を十分察せられたのじゃないか、それでそこは代表団によく判断をして善処してもらいたいというのじゃなかろうかというのが我々の判断であったのです。実際はそういうようなわけでございますから……。

須藤五郎君…議事進行について……。この問題につきまして御参考まで申上げたいと思いますが、先日委員会におきまして外務次官に私はこの問題を質問いたしました。外務次官は飽くまでも三団体は乗せないというような意見でした。それで私は突っ込んで、それは外務次官の最後的な意見か、どうしても乗せないのか、曾つて高良さんに二十一日に旅券を出しながら二十六日まで伏せておったじゃないか、今度もそういう駆け引きをしておるのじゃないかと言って、私は最後のぎりぎりの日に返事を聞きたいと申しました。そうしたら外務次官は、いや、絶対に乗せないというのじゃありません。代表が日本に帰られたらお会いしていろいろお話を伺って、どうしても三団体の代表を乗せなくちゃならんということを政府がわかりましたら乗せるつもりですということを外務次官は答弁しているのです。それでその間の事情はよく説明がつくのではないかと存じます。

紅露みつ君…最後の一致点に行くまでには相当御意見の対立があったんですね。

参考人（工藤忠夫君）…それはありました。そうして午前四時まで討論いたしました。日本の電報が来たのが十時です。それから十一時から私がその英語を訳しまして日本文にして、これを皆さんの議に諮って、そうして最後まで討論に討論を重ねて、そうして大体の方針をきめまして、そうして最後に公の会議に臨みまして、その際でも更に先方の意を確かめたのでありますが、先方の態度がまだ、我々の予期以上に強硬であったので、ここに三団体協議の結果、先方の立場が非常に強い、こうなれば四囲の情勢からこれは調印せざるを得ない、これは大事の前の小事だと思いまして、政府が承認してくれることを期待いたしまして、確信して私は調印に賛成したわけでございます。というのは、若しこの問題が政府に取次がれまして延び延びになるか、或いは拒絶されるということになりますれば、三万人の人の帰国の問題が遅れるか、不可能になるかも知れない、そうしてその責任が日本側に来るという危険が非常にありましたので、この責任はむしろ我々民間団体がとったほうがいいんじゃないかと思って、民間団体として責任をとったというような経過でございます。

紅露みつ君…大変お時間を頂きましたが、一応これで打切ります。

委員長（大谷瑩潤君）…速記を始めて。それでは高良先生一つ。

参考人（高良とみ君）…御報告申上げます。遅くなりまして失礼いたしました。

今回の日本人在留邦人の帰国を援助するという中国の政府の発表が新華社発表で十二月一日にあったわけで、それを聞いたのは、それを実際にやるのは紅十字社である、即ち日本から来る民間団体の人は紅十字社に来れば配船その他のことについて相談するということであったので、あれによって国家責任を民間三団体に委託したという形を発表したのだと思うのであります。併しこちらの受けますほうは、適当なる国家機関というのは、議会も人民の最良の代表ではないか、或いは適当な機関というのはどういうものを指すのかというような疑問が大分あったと思うのですが、あちらに行ってみまして、やはりこれはもうすでによほど前から準備された方針であって、国家と国家の間は戦争終結が行われていないで、いわば戦争継続の状態にある。その間においても人道的な立場に立った居留民の帰国ということは勿論自由だけれども、船の不足のためにできないから、紅十字会をしてその援護の仕事をせしめるというのが向うの国内の決定のようでありました。

これを受けて立つものといたしましては、日本の赤十字社がこれに対抗するものだということは次第に明らかになったのであります。聞くところによりますと、これはモナコの国際赤十字社会議において、そこで日本側からの要請があり、それを向うも持帰って国内問題として一年余り研究したものらしいのです。

その頃から日本人の調査が進められまして、夏頃私が内務省に要求しましたときは、早速お答えすべきだけれども、全土広くて公安局を通して日本人がどのくらいかはっきりお答えできないが、いずれ調査したい、お知らせしたいという返事であったのでございます。それが三万人前後という回答が出ましたのが私十月頃と聞いております。それからああいう国内の決定で赤十字社がこれをやるということになって、向うにおりまする日本人に対しましては、その後再登録の要請があり、写真を付けて出し、それから又改めて帰国申請書というものを出したようです。それを大体年内に片付けたようです。

大体方針が立っておりますところへこちらから行った。その結果、船舶問題が主であって、その次は国籍法によって調整する領事関係がありませんから、これは向うの公安局がとる態度としては、御承知の通りな国籍法によらない人道的な常識的な立場ということになり、こちらの日本側の様子は、殆んど新聞とラジオを通して向うの政府も聞いておるし、在留同胞もみんな聞いておるわけです。これが又公安局などの人にもかなり伝わっておるようであります。

そこでみんなから御説明になったような、三回の予備会談と、四回の正式会談に入ります前に、日本側の主張する点は皆資料として向うに提出してありましたから了解済みのことで、その上に向うはどういうふうに赤十字社、紅十字会としての仕事をするかということを考慮して答えを持って来たわけであります。その結果、コミュニケになったわけでありますが、きっと日本におきましても、だんだんに御認識があると思いますが、重要な点は、民間団体同志でやる。その裏には向うに中国国家がありまして、それは紅十字会を通し、公安局を通して、その横の連絡をとらせると共に、居留民を帰すために、費用その他も随分親切に見ておることは誰でも知っておるのであります。こちらも厚生省、或いは外務省その他を通して、国の責任において援護しつつやるということも了承の上です。今回行きました者の公用旅券もちゃんと見ておりますし、どういう経過で、どういう人が来たということは、向うも万々承知の上でありまして、いわば了解の下における民間団体同志の接触ということなんです。

併しいよいよ、その懇談しておられます領海内に入って来るということになりますると、日本の領空内に入って来る飛行機が問題であると同じく、やはりそれは国交回復せざる場合においては、想像もできないことだと向うが答えて来たのも尤もなことであって、その点日本側としては少し甘く見過ぎておると私どもは思ったのであります。即ち向うは戦時体制である。そうして日本とは法律上の戦時状態であるのでしょうが、日本側は自分のほうで現に戦争しておりませんから感じませんけれども、向うとしてはその危険及び最近の漁船問題等における両方の沿岸の距離の違いをちゃんと了承しておりますし、そこに日本の政府の役人が入るということは、どういう名目の下にあっても、これは沿海の領海の安全及び秘密の保持ができないと思ったことはわかっておる。そんな関係から向うでも困った結果、ああいう決定になり、三団体が上陸するのは、三団体と了承して向うが名簿を受取って、そうして船長に渡す。上陸できない船長に渡す、その仕事をしてもらいたいということを主張したのでありまして、経過については只今屢々《しばしば》御説明があり、又御質問にあった通りであります。

大体船内における世話ということは、初めは強調されていたようでありますが、要はその法的な上陸できない船長、船員、これは初めは中国側で、申請したならば適当に上陸せしめるかも知れないと言っておりましたのに、今度はそれができないという答えが来たのは、これは政府の意向かと思います。公安局或いは中国の政治局方面の答えだと思います。船長が上陸できないということになると、誰が名簿を取りに行くか。みんな乗って来る人が自由に船員として取りに行くわけにはいかない。窮余の策としてとるならば、三団体の人が上陸して来て船長に渡すという役目を依頼的にやって来たと私は考えたのであります。

勿論私ども代表団の中にもいろいろな意見がありましたし、その責任の限度、又代表する機関の限度があったと思いますが、それは端的に申しますならば、中国の紅十字会側の人が、実は船長も上陸できると思った、お前のほうにはそういう印象を与えたかも知れませんが、正式には言わなくとも、これはできないことになったから、これはこれから相談して、三団体が来てここを手伝ってもらって、協定するばかりでなく、遂行までなし遂げようじゃありませんかと相談して来るならば、こちらも内地との連絡のしようがあったと思うのですが、それを呑み込んで時間の急迫などによって、向うがすべからくかくすることにお互いしようということで、署名して参った、その間内地における政府当局と、又連絡事務所との意向も多少それに食い違いがあったことを認めますが、これは平たく考えてみれば、やはり大したことではないのであって、善意に解し信頼を持って見ますならば、向うもそこのところがちょっと不便だからこうしようじゃないかと言って来たのに対して、こちらも私心なく、我々三団体がこれをなし遂げるのだというような自己意識なく、帰って来る人に仕えるという意味で、その繋ぎをやることはよかろうと思いまして私も賛成したわけであります。

勿論政府関係から行った人の中には非常に困るという立場の人もありました。が、この点で、内地が余りにそのことに対して固執されることは、やはり将来の日中関係を阻害することになるのじゃないか。即ち余りに国家権力に、そうしてその法令、指令、請訓というようなものを、今までのような外交の行き方でお考えになると、こういう特例であり、今まで世界の外交史においても余り例のない民間団体同志が人道的にやろうということに対して支障を来たすのではないかと心配いたすのであります。この点は向う側も、これは特殊な例であって、我々はできるだけの範囲をやるので、そうして民間団体同志でやるのだから協力してやろうと言って、特例である、歴史上からいっても特例ということでありましょう。その点は新らしい事例ということを認めて、国会がこれを御支持頂くならば非常に明るくなると思うのであります。

委員長（大谷瑩潤君）……今日はお疲れのところを長時間に亙りましていろいろお話を頂きましたことにつきまして厚くお礼申上げます。我々、三万人のこの留守家族の方々と共に、今度の困難なるお仕事を達成して頂きました点に対しましても厚くお礼を申上げる次第でございまするが、これが延いては両国の国交の回復ともなり、且つ又貿易の促進ともなりますれば、非常に私は将来に明るい気持を持ち得るのではないかと、こういうようなことを考えておるような次第でございます。どうぞ皆さま方お疲れの出ませんように十分御加養願いまして、この上ともに引揚げの問題に関しましてはよろしく御尽力をお願い申上げたいと存じます。

先に藤原先生のおっしゃった看護婦、保母の問題、それから十六ミリの映画の問題、これをいろいろ交渉しましたけれども、実は人選も急に行かないし、又看護婦以外にそういう船に慣れた人というものを見出だすに急に行かないというような事情だから、第一船だけは甚だ遺憾ですけれども一つ……、こういう返事がありました。十六ミリのほうも設備万端がちょっと間に合わないので、第一船だけはどうか御勘弁を願いたい、こういうことでございます。

では、これで散会いたします。

第十二章　在華日本人、帰国する

三月二三日、午後一時三〇分（舞鶴入港は午前六時五七分）、氷雨の中、第一船興安丸（引揚者数二〇〇八人）、上陸開始。翌二四日午前一〇時三〇分（舞鶴入港二三日午後二時三〇分）に第二船高砂丸（引揚者数一九五九人）が上陸開始。

日中友好協会や日本平和連絡会の平野、阿部、加島、赤羽、須藤、堀、志田その他諸氏が舞鶴港のランチで出迎えた。

上陸が遅れた理由……引き揚げ者名簿を渡す前に、日中友好協会の加島敏雄、日本平和連絡会の阿部行蔵、帰国者代表らが、一色援護局業務部長と山本厚生省総務課長に受け入れ態勢の改善を申し入れたため。

一、舞鶴援護局内に三団体事務局の出張所を設ける。
（援護局と三団体が適宜連絡会議を開くことで解決）

一、帰国者の住宅と職業の保証。
一、受け入れ設備の改善。
一、帰国者の自由外出。

（三月二三日『朝日新聞』夕刊）

船から下りてくる様子が『日本と中国』に掲載されている。

——ランチは小さいため、時刻は遅れたが、レーニン帽、ハンチン帽、思い思いの元気な顔が近づき、やがて桟橋に横づけになると両手に荷物を持った同胞が続々と下りてくる。労組や協力会などの幟も大きくゆれる。男も女も中国□□が多い、みんな元気というよりは落ち着いた表情……たくましい三十才すぎの背の高い労働者の腕をしっかり掴まえた七〇くらいの母親らしい老婆が歩いてくる。心ない放送局の記者がマイクをもって近づくが、老婆は息子の手をにぎって放さない——

木村正治（三八才）文子（三五才）の夫婦は、十二年ぶりに故国の土をふんだのだという。向こうでは自動車の修理工をやっていたよし、「感想は？」ときくと、胸がいっぱいらしく「たいへんお世話になりましたが、ゆっくりお話しできることもありますから」の一言。

池田道子さん（三〇）と聖さん（三二）夫妻は三人のお子さんを連れて元気で帰ってきた。お医者さんだったという。道子さんは「まさか帰れるなんて夢かと思っていましたが」と、よろこびにあふれていた。

（『日本と中国』一九五三年四月一日）

「興安丸帰国者の声明」

全日本労働者の皆さん、祖国を熱愛する国民の皆様へ

――日本降伏後八年間東北にあって生活した私たちは、この度日本国民の皆さんの絶大なるご援助とご協力と民間三団体の献身的ご尽力ならびに中国人民政府の協力を得て祖国への第一歩を舞鶴港に印することができました。久方にみる祖国の山河草木、肉親との再会すべてが胸にグッと迫り感泣したのです。そして我々興安丸一、〇〇〇余の帰国者一同は温かい皆さんのふところに抱かれました。しかし感激の中に一つの不安と動揺があります。

それは我々が最も関心を持ち真剣な問題とする就職と生活の安定であります。けれども我々帰国者に対し政府はこれら

手を振る帰国者たち――『引揚港舞鶴の記録』（舞鶴市 2008 年改訂）より

についてどのような受け入れ体制をなしたでしょうか。具体的な方針を示してくれないのみならず確答する誠意すら認められません。それで我々はお先真暗という現実に直面しています。

しかし我々はこのことに対し新しい活路を打ち拓く一つの希望を持っています。それは我々が敬愛し、最も信頼する国民の皆さんとの限りない団結のつながりと努力によって必ずこれを闘いとる信念であります。

我々は皆さんの温かいふところに抱かれて甘えるのではありません。愛する祖国の自由と独立、そして平和をかちとる闘いの中にかたく腕を組んで民族解放の旗幟に結集し奮闘しなければなりません。

信頼する国民の皆さん。どうか我々の意とし頼むをご賢察くださって不断のご援助とご指導をお願いし、我々が祖国での第一歩を踏み出す言葉といたします。

一九五三年三月二五日

於舞鶴宿舎

興安丸第一次帰国者一同

（『日本と中国』一九五三年四月一日）

第十三章　帰国者の体験談

大澄国一さんの場合

大澄国一さんの『八路空軍従軍記』がインターネットに掲載されていた。大澄さんは、敗戦後、八路軍に「留用」され、八路空軍の教官として、一九五三年九月まで中国に残った人である。大澄さんの貴重な体験記が残されている。

――敗戦後、日本の関東軍飛行隊が八路軍に入り、航空隊の創設に参加し、後の人民解放軍空軍を作った事蹟があります。これは現在も中国空軍史に載っています。

私はその一員として参加し、八年間八路軍と行動を共にし、一九五三年帰国しました。その記録をここに発表させて頂くことになりました。

戦後、こういう日本人もいたんだということを知って頂ければ幸いです。

大澄国一

〈一九五三年九月五日、帰国前夜まで ―― 二〇〇七年七月一三日〈記〉〉

皆は、いよいよ帰れるか・・・長いこと待たされたなぁ・・・と口々に話しあい喜んでいた。不思議な事に、林さんと気象の内田さんは除外されていた。他の組にもこのような人がいたようだった。

私はこれまでに一日だけ瀋陽に買い物に出かけただけだった。頭の中には、どうせ帰っても、名古屋はメチャクチャにやられているから家がないかも知れない、もしなければ単身身軽にとも考え、多くの物は持たずに、布団と着替えの服とシャツを詰め込んだ大きな旅行袋一つにした。大切に持っていた日記や写真は皆焼いて捨てた。私ら空軍にいた者は、上陸した途端にアメリカ極東軍司令部に捕まるかも知れんという噂があったからだ。

帰国通知と同時に、西谷さんが第六次帰国団団長となり、私は新台子区の区隊長になった。女子及び家族班の班長に「友」さんという女の人が指名された。ハキハキした活発な女性であった。……彼女が後に私と結婚することになるとは夢にも思わなかった……

数日後、帰国者全員大会を開いた。とかく変な噂が飛び交い、皆の気持ちが不安定なため、意思統一をする目的であった。私は区隊を代表して「それぞれいろんな考え方もあるけれど、兎に角全員無事に帰国するという一点で団結しましょう!」と皆に訴えた。今は、互いに過去の経歴を云々したり、他地域の日本人の事を気に掛けている時ではないんだ。・・・皆元気で仲良く日本に帰ろうではないか・・・という気持であった。

八月半ば、新台子を列車で出発、その日の午後錦州に到着した。ここにも日本人帰国者が集まっていて、私達と一緒になり第六次帰国団が編成された。私達より前にここに来ていた人達は、殆どが前線部隊の担架隊に属し、死線を越えて戦ってきた人達だが、不運と心労の環境であったのか、或いは政治教育を受けていなかったのか、相当な暴れん坊が多く、勝手気儘に振る舞い、特に私達空軍工作者には面と向かって暴言を吐いた。

或る日の夜更け、「大角」と名乗る人から呼び出しを受け、庭の一隅で数人に取り囲まれ、恨みつらみを捲し立て、襟首まで掴んで殴りかかろうとした。その凄みに私は恐怖を感じ、一瞬やられるかと思った。幸い騒ぎを聞いて警備隊長が駆けつけてきたので事無きを得たが、度肝を抜かれた一夜だった。・・・・彼らの気持ちは判るけど・・・・

その後彼らは一度も私の前に現れることはなかったが、厄介な者が加わっているものだと思った。一時の感情だから帰国が近付けば忘れるだろう……兎に角何事もなく帰国船に乗るように留意しなければと思った。(その後、天津港に行ったときも彼らの姿は見なかった)

この錦州で療養組の中から結婚する者が現れた。大瀬さんと宮野(女)さんだ。新台子区隊者の総意で、簡素な結婚式を行いお祝いをした。私は区隊を代表して祝辞を述べた。(後年、京都の引揚寮で、私と友さんの結婚に彼らが仲人をしてくれたのも奇縁である。そして現在も隣同士で住んで居る)。錦州に約二週間滞在し船の到着を待った。錦州は敗戦前私が部隊にいたところだ。懐かしさもあって一度街へ出てみたが、様子が全く変わっていた。昔より綺麗に明るくなっていた。飛行場の事は全然判らなかった。ここ錦州にも、かなりの日本人が居て帰国を待っている様子だった。

八月末、天津に移動する。

前の帰国者は、殆ど秦皇島から乗船したが、私らは天津港から、第六次帰国船高砂丸に乗る事になった。天津では立派なホテルに泊まった。私は区代表として特別に個室が与えられた。ここに来て俄然忙しくなった。毎日中国側との打ち合わせや連絡があり、西谷さん、友さんと毎晩会合して話し合った。

一週間滞在したが、私はホテルから殆ど出なかった。他の人達は街へ買い物に出たり、食べ歩いたり、帰国前の喜びを十分味わっていた。その時の私の頭の中は、全員が無事に帰る事でいっぱいだったので、乗船前の準備とか、帰国後の事とかは一つも思い浮かんでこなかった。

九月六日乗船と決まった。

その前々日、ホテルの支配人をはじめ従業員の皆さんに、お世話になった感謝パーティーを開いて記念に錦旗を贈った。前日にはドルの交換（日本円で二万円まで）荷物の発送手続きを終えて、もう明日を待つだけとなったが、団員の一人国兼さんの病状が悪く、乗船は無理ということで残留する事になった。

私も団の仕事が終わりホーッとしたが、手元に残った人民券一〇万元余りはもうどうする事もできなくなり。ヤケクソ半分で、人のいる廊下で「欲しい者は持って行け！」と札をバラまいた。「勿体ない」と傍らの人が言ったが、私にはもう金を使う暇はなかったのである。

翌日、高砂丸の引揚係官が来て、乗船する時と乗船後の船内手続き、注意事項等について話があった。何年振りかに見る日本人が懐かしかった。

いよいよ明日は日本に帰れるという実感が湧いたのか、一部の人は子供のようにはしゃいでいた。話は日本の事、帰ってからの事で賑わっていたが、今までの中国の思い出は話に出ていなかった。

〈高砂丸にて〉

翌朝、ホテルの人に見送られて港に向かう。——埠頭に黒い船腹の高砂丸が泊まっていた。下から見上げれば大きいものだ。甲板から船員が私達を眺めていた。埠頭で、中国側の最後の出国手続きを済ませ乗船する。船腹の梯子を登りながら、振り返って別れの手を振った。

乗船するや私はテンテコ舞の忙しさ。船室の割り当て、人員点呼、手荷物の点検等に走り回った。皆はやっとそれぞれの船室に落ち着くや、直ぐ甲板に出て見送りの人々に大きな声で「再見！」「再見！」と叫んでいた。

どれぐらい時間が経ったろうか、全てを終わらせて腰を下ろし、タバコ一服を吸った。

それから甲板に出て、改めて皆と一緒に下の埠頭の人達に大きく手を振った。皆、顔は明るかった。これで全員無事に乗船出来た。……後は船に任せるだけだと思ったら気が楽になってきた。そこへ船長が西谷さんと共に来て、出港すると知らせてくれた。西谷さんが船内アナウンスを頼んだ。

今まで船室内に居た人達が一斉に立ち上がり、甲板に出て別れの手を振った。ボー！…ボー！　大きな汽笛の音と共に、船は静かに岸壁を離れた。見送ってくれる人は少なかったが、大きな感動があった。

さぁ、日本に帰るぞ！……という感慨であろう。反面、これで中国とお別れか……という懐かしさが蘇ってきた――。

何故か私は祖国に帰る……故郷に帰るという嬉しさはこみ上げて来なかった。むしろ帰ってから「どうしよう？」という不安があった。家族の事は考えられなかった。だから、他の人と帰ってからの事を話し合う気持ちにはなれなかった。又、話す暇も心のゆとりもなかった。只、懸命に皆が無事に帰国する事だけを考えた。前回のような事件を起こしたくなかったからだ。幸い、今回の人達はよく私らの言う事を聞いてくれるし、ハミ出たようなグループもいなかった。本当に只ひたすら日本に帰りたいと思う素朴な人々であったのが一番嬉しかった。

どれぐらい航海したのか……食事時になって皆が集まってきたときは、すっかり寛ろいだ気分が溢れていた。午後になって船長が私達代表のところへ来て、境界線通過のため日の丸を上げさせてくれと言ってきた。

前回の時にこれで大きく揉めて混乱が起きたのを思い出した。私達は国際法上の規定であれば上げるべきだと意見が一致した。これを全員に納得させるよう分担して各班長を通じ説明した。皆は素直に聞いてくれた。ホッとした。船長も心配していたのか「ありがとう」と礼を言った。

その夜、あちこちと走り回っていて、とうとう自分の寝る場所がなくなりウロウロしていると、航海士の人が来て空いている1等船室を貸してくれた。やっと落ち着いて、横になっていたら西谷さんが来て、家族隊代表の友さんが私と結婚したい気持ちを持っているがあんたどうかね？　と話しかけてきた。彼女から頼まれたそうである。考えてもいなかったことなので返事に困った。暫く考えてから、彼女はいい人だ……が、今は何とも言えない、故郷の家族のことが全然判らないから……何が私を待っているのか不安であるので、故郷に帰ってからを返事したい……と答え、その旨を彼女に伝えてくれるよう頼んだ。

大きくゆっくりした船の揺れを感じながら、深夜1時過ぎに眠りについた。

翌朝も良い天気。見渡す限りの海原を、白い航跡を残して船は進んでいる。海はいいなぁ……大きなノビをしながらふとそんなことを思った。思えばこの八年間、一度も海を見た事がなかった。ほんのいっとき安らいだ気分になった。数人の船酔い者が出たが、皆は元気であった。それからは船中どう過ごしたか忘れてしまった――。

午後になって、誰かが「日本が見えるぞー！！」と叫ぶのが聞こえた。大勢が甲板に出てきた。水平線の彼方、船首右の方角に黒い島影が浮かんで見えた。それからは皆甲板に出たまま島影の近付くのを待つように立ちつくした。黒い影はやがて青くなり、その島の向こうに長く浮かぶ陸地が見えて来たー！。

「とうとう帰って来た！……」

人々は口々に呟きながら、じーっと彼方の陸地を見つめている。甲板を行き来する人達の顔は皆笑っていた。誰かが私を見ながら「日本はやっぱり綺麗ですねぇ」と声をかけた。

「あぁ、そうだねー」返事をしながら、私も改めて日本の緑は美しい、海は日本の象徴だと思った。今まで禿げ山の中国大陸に暮らしてきたせいか、特に水と樹の緑は美しく映った。近付いてきた小さな漁船が、特別懐かしさを感じさせた。

「二時間後に舞鶴港に入港します」

船内アナウンスが聞こえた。甲板にいた人達は、どーっと船室に降り始めた。上陸の準備だ。また私は忙しくなるようだ。防疫検査・入国手続きの事など、船内を歩き回り、船がいつ着岸したのかさえ知らなかった。着岸してから二時間ぐらい、検査・手続き・荷物まとめなどでゴタゴタした。

〈帰国！〉

「上陸開始！」――皆タラップを降り始めた。

私は甲板からそれを見ていた。桟橋の向こうのほうを見ると、いっぱいの人だかりで、日の丸の旗や幟が見える。出迎えの家族の人達だろう、大きな歓声が聞こえる。ほぼ全員が降りたのを見届けてタラップを下りた。桟橋に下り立って歩き始めると、大勢の声にビックリした。

人、人、人、人、声、声、声、声、

一瞬立ち止まって見渡した。まるで凱旋のようだ。前のほうで抱き合って泣いている人たちが見えた。ゆっくり歩いて桟橋を渡りきったとき、今まで気が付かなかった大きな幟が目に入った。「大澄国一」と書かれてある？！

ハッと立ち止まって見詰めた。

幟を支えて立っている二人の兄の顔！！

「わぁぁぁ！兄さんッ！！！！」

「クニイチーーーーー！！！！」

……後は何を言ったのか判らない……。

幟を持って出迎える留守家族たち
――『引揚港舞鶴の記録』（舞鶴市 2008 年改訂）より

・・・ただニコニコと兄の手を握っていた・・・・

＝　八路空軍従軍記おわり　＝

取材合戦

日本では引き揚げ船で帰る人たちの生の声を取ろうとして、取材合戦が繰り広げられていた。『引揚港 舞鶴の記録』（舞鶴市）によると、

――当時、マスコミの取材合戦が演じられていた。新聞、通信社、放送局、ニュース映画など放送関係七五社、約一〇〇〇人と、ニューヨーク・タイムス、ＡＰ通信も加わるすざましさであった。引揚船が入港する舞鶴港では、飛行機が飛び交う爆音、記者を乗せた漁船のエンジン音、それに出迎え船からのマイク音が港内にこだま

し、一方、陸上では取材用の自動車・オートバイが市内を走り回るなどあわただしい空気に包まれていた。
取材合戦の激しさを記録した引揚者がいた。本名・山室美雄、ペンネーム・杉岡一鉄氏の著書『我忘れ難き八年』に、その様子を下記のようにつづっている。

——船は静かに舞鶴港に入った。待ちかまえていた小舟が集まって来てキャラメルのグリコを投げ入れる。新聞記者だ！　騒然たる賑わいだ。その反対側の山裾に労働者が仕事をしている。我々は皆その労働者に向かって手を振った。彼等も手を振って応えてくれた。

新聞記者がドカドカと船に乗り込んできて取材合戦だ。今まで夢に見ていた日本が今、ようやく現実となって我々の前に姿を現した。次から次から質問攻めにあった。ああ、日本は今、生き馬の目を抜くような国になっているのだ。

上陸すると京都の叔父が俺の名前を書いた旗を立てて俺に抱きついてきて、ただ涙だけで何も言わなかった。富山からも叔父が来ていた。水筒に日本酒を入れてきて、仲間に、めでたい、めでたいと言いながら飲ませていた。

（杉岡一鉄著『我忘れ難き八年』文芸社、二〇〇二年）

北崎可代さんの場合

北崎可代著『中国に生きる』には、一九三九年、北崎さんは夫に連れられて満蒙開拓団の一員として満州に渡った。異国の地で、夫と子供三人の五人家族で平和に暮らしていたが、夫の戦死、敗戦、中国人との再婚、出産、引き揚げと……、家族との哀しい離別など、波乱に満ちた人生が記録されている。

三万人の引き揚げ者たちのたどった途もそれぞれ違う。帰国後、新たな人生のスタートをきって幸福になった人、うまくいかなかった者、引き揚げが良かったのかどうかは分からない。そして、北崎さん家族のようなケースもあった。最後に、北崎女史のつづった苦闘の一部、「引き揚げ」に関する部分を紹介しよう。

――一九五二年、晩秋のことだった。私は二つになる剛を背負って五常の講習会に出かけていった。四十人ほどの講習生の中で子連れの講習生は私だけであった。勉強中は保育所で剛の面倒を見てくれた。さすがに五常だ、とその設備に感心した。私の部落でも働く母のために早く保育所を設置すべきだと思った。五常の講習会は助産婦の問題以外に私はいろいろのことを学び、田舎では得られない情報も知ることが出来た。夜になると幹部や講師の先生などが私たちの宿舎に遊びにきて、世間話など気さくにする。冗談の中にも長征時代の話しや、毛主席の話など折り込んだりして話してくれた。

そんなある日、私は「北崎さん」と日本語で呼びかけられ、思わず立ちすくんだ。なぜ、そうなったか私にはわからない。とにかくびっくりしたことだけは事実であった。私は声の方に頸をまわした。講師のひとりである郭先生であった。郭医師は笑いながら「おどろかせて、ごめんなさい」と日本語でいった。私は、もう、何年、日本語と別れていたのだろうか、返事をしようにも言葉の選択に戸惑いためらった。

「先生は日本語が上手ですね」と私はいった。何年ぶりの日本語だろう。

「もう、だいぶ忘れていますよ。私は日本で医学を学んだのです」

郭医師は私が日本人であることを知ったので、日本語を話してみたくなったのだといった。

「素琴《スウチン》（北崎可代）さんは引き揚げの希望はどうなんですか」

「いずれ帰ってみたいと思いますが、引き揚げということは考えたこともありません。そういう機会もなかったし、今は、もう、引き揚げのことは頭にないようです」

「日本が恋しくありませんか」

「ないといったら嘘になるでしょうけど。そういうことも前にはあったけれど、今は、もう毎日の生活に追われていますから」

「完全に劉素琴になってしまった？」

「忠や剛という子供もいますから」

「なるほど、日本の母と同時に中国の母、そういうことになりますね」

「でも、忠夫や美智子や義夫は日本のことも日本語も知らないのですよ」

「引き揚げの希望が強かったら話すのはよそうと思ったのですが、日本人は当分日本には帰れそうにもなくなりましたよ。北崎さんはこの四月、日華平和条約というのが締結されたことご存知ですか」

「いいえ、私のところはほんとうに田舎で、情報は何もはいってきませんので」

「そうですか。その条約が日本人の引き揚げを拒否してしまったのです。吉田首相と蒋介石の間に結ばれた条約なんです。中華人民共和国を無視して蒋介石を中国に代表に選んだのですから、日本とわれわれの国は完全に没交渉ということになってしまいました。中国には、まだ、約三万数千人の日本人がおります。この人びとを吉田は見捨ててしまったということになる。政府としての引き揚げ作業は中止せざるを得なくなりました」

「でも先生、私たちはすでに敗戦前に日本から見棄てられていたのですから、今更どんな仕打ちをされても驚きません。関東軍や満鉄などのオエラ方は、家族を連れて敗戦前に引き揚げてしまいましたが、私たち開拓農民は、日本が負けたことさえも知らされていなかったのです。心の準備もないうちに野良猫同様にほうり出された私たち母子は、野垂れ死にするところを中国人に救われたのです。敵国人の私たちを大変な苦労して助けてくれたのです」

「私たちは日本の人民は友だと考えています。敵はひとにぎりの軍国主義者や反動の連中です。中国側では日本政府は相手にしませんが、民間の機関と話し合って人民レベルで引き揚げ希望者をなんとか帰してあげる方法はないかと研究しているそうですが、このままでは当分、引き揚げ事業は中止にならざるを得ないようですよ」

と、郭医師が話してくれた。

私は久しぶりで日本語による会話と日本事情についての知識を満喫したように思った。しかし、引き揚げ中止のことは、別にどうというほど衝撃は私にはなかった。ただ、蒋介石と手を結ぶ日本政府は何を考えているのか、私には皆目見当がつかなかった。郭医師は、つまらぬ話しをしてしまいましたが、おかげで日本語の勉強を久しぶりでやりました。ありがとう、と中国語でいって私からはなれていった。私は保育所に剛を迎えに、郭医師とは反対の道をいそいだ。

十日間の講習はどうにか済んで、私はテストの結果、第一位ということになり、「学習模範」の称号を受け、他に賞品まで授与された。帰途についた私の足は軽く、背中の剛にもいささかの重みも感じず、五常から山河屯までの汽車の旅も快適だった。

部落に帰った私は、助産婦と百姓の仕事にいっそう張りを感じて力をそそいだ。

〈引き揚げ最後の機会〉

野良の仕事が終わって、雪の降る日が多くなった。そのころ、在華日僑の調査というのがあった。帰国を希望する日本人のための調査だという噂もあった。私は五常での郭医師の話を思い出した。しかし、私にさし迫った問題というふうには響いてこない。幼い剛と別れて日本に帰るなどとうてい出来る事ではない。考えるまでもないことであった。私は充実した毎日を愉しく過ごしている。貧しい生活ではあったが、今までに経験のない幸福な日々であった。日本に私を待っている何があるというのだろう。北陸の海や金沢の街筋や川や山野など、人間を除いた自然には郷愁はあった。しかし、私の過去は苦渋に満ちた暗い生活の記憶だけで埋まっていた。子供は

元気で私のまわりにいる。私を日本に呼び戻すものは何もない。在華日僑の調査は私には無縁のもののように思えた。（中略）

〈帰国問題の悩み〉

雪の中でその年は暮れ、新しい年を迎えた。爆竹が鳴って二月は旧正月である一九五三年、私は数えて三十七歳になる。私は五人の子供の母親であった。

その頃になって在華日僑（中国在住の日本人）の引き揚げ問題が表面化してきた。中国政府は、台湾国府と結託した日本政府を相手に交渉は持てないので、中国紅十字会を窓口にして帰国希望の日本人の引き揚げを検討していた。一九五二年十二月一日付新華社電によると「在華日僑の帰国問題について、日本の適当な民間団体が代表を派遣するならば、中国側は中国紅十字会を窓口にして協議する用意あり」と呼びかけた。その結果、それに応えた日本赤十字社、日中友好協会、日本平和連絡会の三団体を交渉相手に中国紅十字会は日僑の帰国問題事務を推進することになった。仕事に着手すると、中国側は早かった。新立屯のような田舎でも二月の声を聞くか聞かないうちに、引き揚げについての具体的な調査がはじまった。

私の部落での引き揚げ対象になる人間は、私たち母子四人であった。部落の人びとが集まって引き揚げについて検討会をもった。そこで話し合われたことは、第一に優先すべきは、本人の希望ということであった。

長男の忠夫は十八歳、長女美智子十五歳、次男義夫が十二歳で、本人の希望でことは決まる。だが、私の場合は客観的にも主観的にも事情は複雑で私だけの希望では事が片づかない。私は中国人劉奎林《リュウクイリン》の妻であり、私たちの間には八歳の忠と三歳の剛というふたりの息子がいる。忠や剛と離れることなど私にはできない。まして、剛は三つである。どうして手放すことなどできよう。といって忠夫たちは日本人であり、日本人としての将来も考えないわけにはいかない。日本も日本語も知らない子供たちではあったが、日本人である以上日本に帰るのは順当というものであろう。まだ、彼らは若い。今のうちならば日本の生活に慣れるのもそれほどの苦労もなしに溶け込めるだろう。この機会を喪ったら、当分、日本に帰ることは出来そうもない。帰るには絶好の、あるいは最後の機会というべきかもしれない。もし、そうきめるとすれば、西も東も分からない日本に彼らだけを送り込むことは酷すぎて私にはできない。忠夫だけならば十八歳である。なんとか生き抜いてくれるだろうが、美智子や義夫がいる。戦後の日本の状況も私にはわからなかったし、二、三の親戚はあるにしても、三人もの子供を受け入れることができるかどうか、はなはだ心もとない。これという頼りになる親友知人がいるわけでもなかった。私が歩んだ日本の暗い、貧しい道を子供たちには味あわせたくないという気持も強く私にはあった。

引き揚げの噂が出た頃から、劉奎林はおどおどしはじめた。

「忠と剛を抱えて、俺はどうすればいいんだ。忠夫や美智子はこの爸々《パパ》（父親）が嫌《き》れえだったかよウ。万事がうまくいっていたじゃねえか」と、劉奎林は私に向かってぶつぶついい、仕事にも手を出さなくなってしまった。人の好い気弱な劉奎林は子供たちや他人の前では口を噤《つぐ》んで伏し目がちにしているだけだった。「泣きたいのはこっちなんだから、しゃきっとしてちょうだい」と私は私で劉奎林に当たり散らした。思いがけない不幸に襲われたようで、夫婦は心の中で涙ぐんだ。

部落の人々は、私に残るようにと善意でいってくれるものが多かった。私をうしないたくないという情のこもった気持からの引き留めであった。婦女会の幹部は、簡単に結論の出せるような問題ではないのだから、充分に考えてみる必要がある。素琴さんがどの道を選ぼうとわれわれの信頼と友情には変わりがないのだから、先ず、よく考えること。この場合、心しなければならないことは、自分だけの都合や感情でことを決めるのではなく、客観的に長期的展望に立っておのれを処していただきたいということです、といった。

集会では結論はでなかった。私自身、どうしたらよいのか、どれが最善の道で、何が次善の方法かもわからない。肝心な私がふらふらしているのだから結論のでようがない。私は毎日、思い悩んで日を送った。落ち着かないのは私ばかりでなかった。劉奎林も仕事を放り出して叔母や姉の家に相談に行っていたようである。

〈迷う母ごころ〉

村政府の幹部が何回か足を運んできてくれた。帰還のための事務処理の説明だけでなく、迷っている私の相談に乗ってくれた。幹部は忠夫や美智子とも別々に時間をかけて話し合った。またたく間に半月が経ちひと月がすぎて行った。いつしか雪が消え、畑の地肌の黒が眼に映る。太陽が明るくなって野も緑色に拡がった。

私の気持ちは依然としてまとまらない。息子たちは次第に帰国に傾いていった。日本事情にも大分通じてきたようである。村政府の幹部を尋ねては熱心に日本の話しをきいていた。忠夫の影響か、美智子も引き揚げるつもりになったようである。私はなるべく帰国の話しから避けるようにしていた。残るにしても帰るにしても私の辛さは同じである。美智子や義夫をとれば忠や剛を捨てねばならない。忠と剛を抱きかかえれば、美智子や義夫を未知の世界に追い出すことになる。私の中の母親はそれを許さない。忠や剛には父親もいれば叔母もいると思ってみた。母の私は当然、忠夫たちについて行くべきだと自分にいってきかせてみたが、そんな便宜的な解釈では納得できるものではなかった。ひとりの子供とも離れたくはない。それはどうにもならない私の本音だった。

劉奎林は仕事をする張り合いがなくなったといって、ぼんやり考え込んでいる日が多くなった。奎林はぼやき、私はそんな良人にあたり散らした。私はいらいらし、理由のない夫婦喧嘩が絶えない。泣くことを知らなかった私が毎日涙をこぼすようになった。そんな自分が情けないと思ったが、涙はとめどもなく流れ出た。子供たちの前では強気で構えたが、夜は涙の時間であった。

「ぼくも美智子も義夫も否応なしに日本人なのだ。だからどんなに辛くとも日本人として生きなくてはならないのだと思うよ。見知らぬ日本で生きるということは予想以上に苦難の道を歩くことになるだろう。だけど、それをやりぬかなければ、いのちがけでぼくたちを救い、育ててくれた爸々《パパ》にすまないと、ぼくは考えるようになった。爸々《パパ》だけではない、中国人民に対してもそうだと思うよ。戦死したおやじや母ちゃんたちの育った日本は、帝国主義的侵略国だった。ぼくたちはそういう日本を建設しなおさねばならない義務があると思うんだ。ぼくだって忠や剛は可愛いし、別れるのは辛いんだ。けれど忠や剛のいい兄貴である前に、忠や剛に敬意をもたれるような人民の国日本を創ることが先決ではないだろうか。いっときの別れの辛さに負けて、最も大切なものを見失ってはならないとぼくは思うのだ。ぼくは中国で育ってそういうことを学んだ。どうしてもぼくが日本人である以上は、日本に帰らねばいけないと、ハッキリ自覚したんだ。美智子もそう思うというし、義夫だってぼくのいうことの意味はわかったといっている。毛主席の訓えを日本人のぼくはそう学びとったつもりでいる」

忠夫はキッパリと私の前でいった。私は理にかなった忠夫の言葉に批判の余地はないと思った。

だが、剛の頑是《がんぜ》ない顔を見ると、けれどねえ……といいたくなる。忠夫にもわかって貰えそうにもない切ない母心である。口に出せないだけに私はいっそう辛かった。

「日本に行ってさ、また、くればいい。今は飛行機もあるんだから、忠は媽々《ママ》の帰ってくるのを待っているよ」

八歳の忠は生意気そうにいう。けれど、忠の言葉も私の母心を痛ぶって切なく響いた。

私の涙腺はゆるみにゆるんで、眼に痛みを感じた。

〈工作委員の説得〉

涙で過ごす日が重なり眼が霞んだ。視力が薄れて盲目になるような心細さを感じた。

山河屯区政府から私は呼び出しをうけた。四月二十一日のことであった。二十三日山河屯に集結、二十五日には引き揚げ列車が出発することになっていた。忠夫たちは帰国の準備をし、申請もすませていた。私だけは帰国に踏み切れず、一日のばしに申請をのばしていた。区政府は不審をいだいたのだろう、それで私は呼び出しをうけたと思った。

呼び出し状を見た劉奎林は、「やっぱり行くかね。子供たちだけってわけにはいかねえからなあ」と力なくいった。

剛が私にまつわりついた。私は抱きあげ、頬ずりした。剛はキャッキャッと声をあげた。

「媽々《ママ》は行かなくちゃならねえだ」と奎林はいい、私から剛をうけとった。

私は首を横にふり、ふだん着のまま、家を出た。

私は剛の笑顔を見て、帰国を断念した。忠夫たちの抗議を覚悟の上で、腹を決めた。山河屯区政府を訪ねると、顔見知りの工作員が、どうしたんですか、という表情で私を一室に迎え入れた。

「あんたの申請だけが落ちているので、どうしたのかと思いましてね。出発が迫っているので連絡をさしあげたのですよ」

「お手数をおかけしてしまって、申し訳ありません。つい、決心がつかなくって」

「でも三人のお子さんのは受けつけずみですよ」工作委員は不審そうな面持ちでいった。

私は事情を説明した。工作委員は太息をつき、しばらく考えていた。煙草を一本、ゆっくり取り出し、口にくわえた。緩慢な動作で火をつけた。

「同志」と工作委員はいった。

日本人の私を工作委員は「同志」と呼んでくれた。私は感動で胸のうちが熱くなった。

「素琴同志、あなたの気持はよくわかります。同情もします。われわれもあなたのような助産士は手放したくはない。しかし、そういう考え方は私心の表れではないかと思います。あなたは三人の日本の子供たちのために生き抜いてきたし、劉奎林はそのよき協力者でした。ふたりは力を合わせて、その三人の日本の子供をこんにちまで育ててきました。立派なことだったと思います。たしかに三人の子供はあなたの産んだ子には違いありませんが、また、あなただけの子供ではないでしょう。日本の子供であり、明日の日本を創りだす国の宝でもあるのではありませんか。だとしたら、当然、日本にお返ししなければならない人間です。だからあなたはその子供たちを日本に送り届ける義務があるし、更に、ひとり歩きのできるまで、その成長を見守る母としての責任もあるのではないですか。そうしなければ、あの苦しい中で、三人の生命を守ったことの意味がなくなります。あなたは、今は劉奎林の妻であり、二人の中国の子供の母ではあるが、そのことは三人の日本の子供とは関係のないことです。三人に関する限り、あなたは日本の母なんです。ですから三人の子供の成長を見とどける義務がありま す。あなたはそれをやらねばならないのだと思います。

母親の愛情という名のエゴで、幼い剛から離れる辛さのために、三人の日本人の将来にかかわる問題を握りつぶす権利も自由もあなたにはないのではないかと、私は考えます。剛には劉奎林という父もおれば、多くの親戚や仲間もいますし、中華人民共和国があります。心配はいりません。子たちの成長を見とどけたら中国に帰ってくればよいのです。中国はそれを歓迎しますし、忠も剛もあなたを歓迎するはずです。幸い三人の子は、大きく、まもなく一人前になるでしょう。もうしばらくの辛抱ですよ。彼らが立派な日本人として育つことによって、日本と中国の友好の花も開くというものでしょう。その日のためにもあなたも私も、みんなで努力しようではありませんか。あなたは一応、日本に帰るべきだと私は考えます」

工作委員の誠意のこもった説得に、いつか私も従う気持になっていった。いわれてみれば忠夫の決意と同じ次元の発言だとも思った。忠や剛に対しては鬼になろう、悪い母と恨まれても仕方のないことだと私は唇を噛んで耐えた。いずれはわかってもらえる時もくるだろう、その日を待つのだと自分にいいきかせた。

〈義姉の励まし〉

区政府の門を出た。

西の空が真紅に燃えていた。私は、夕陽の下をとぼとぼと歩いていた。どこへ行くということもなしに、ただ、足の向くままに歩いていた。媽々《ママ》は兄ちゃんたちと日本に帰ることにしたよ、と忠にいえるだろうか。私には自信がなかった。忠や剛のいるわが家に戻るには私の足は重すぎた。

私の重い足は、いつしかわが家への路からそれて唐家窪子《トウチャアクウツ》に向かって歩いていた。意識的に選んだ道ではない。唐家窪子は山河屯に近い小さな部落で、義姉の劉淑貞が住んでいた。安達県中和鎮から移ってきていたのである。私は劉淑貞の家の前で、声もかけずに呆然と佇んでいた。どのくらい立ちつくしていたのだろうか、薄闇を夕風が運んできて、夕焼けは遠い西空の下で色あせていた。

「素琴、素琴じゃないの」

「ああ、姐さん」

「そんなところで何をしているのだね。さあ、早く家にはいるんだよ」

淑貞に促されて私は家の中にはいった。その時、はじめて私は唐家窪子にきていたことに気づいた。私はなぜ劉淑貞の家にきたのだろうかと思った。

劉淑貞は魔法瓶から白湯を注いでだしてくれた。熱い白湯を一口、私はすすった。

「びっくりしたねえ、あたしゃ幽霊かと思ったよ」と淑貞はいった。

私は区政府に呼び出され、帰国申請に署名した経緯を話した。淑貞は溜息を吐きながら私の話をきいてくれた。

「どうしたらいいのか、私にはわからなくなってしまったの」私はいった。

「どうしたらいいのかねえ」と劉淑貞もいった。

「だけど署名しちまったんじゃ、政府のいう通りにするよりほか、しようがないじゃないか」

「そうでしょうね。でも、こんな気持じゃ家には帰れない」

「だって帰国の準備もあるだろうに」

「剛や忠の顔を見たら動けなくなってしまいそうなの」

「わかるような気がするが、それは困ったねえ」と、劉淑貞は溜息まじりにいった。

しばらく沈黙がつづいた。

やがて、劉淑貞は重い空気を破って口を開いた。

「とにかくすべてをあたしに委せなさい。素琴はここに泊まってゆっくり身体を休めることだよ。すっかりやつれているじゃないか。そんなことじゃ日本に着くまで体がもたないよ。そんなことにでもなったらどうするの。それこそ、あぶはちとらずで、今までの苦労が水の泡になる。しっかりしなきゃいけないよ。忠夫たちのためにも忠や剛のためにもまだまだ素琴は必要な人間なんだから、そのことを忘れちゃいけないよ。工作委員の先生がいう通りで、帰れる時期になったら、また、帰ってくればいいのだから、くよくよすることはないよ。明日、朝のうちに、あたしが新立屯に行って、奎林にもよく相談して、万事うまくことが運ぶようにするから、素琴は心配することはない。忠や剛のことはあたしたちがせいぜい面倒は見る、なにもお前ひとりがくよくよ考えんでもいい。悪いようにはしないから」

私の気持ちをひきたてるようにいってくれる劉淑貞の言葉に、ぐっと胸に熱いものがこみあげてきて、私はその場に身を伏せてしまった。

〈哀しい別離〉

四月二十三日、私たちは山河屯区政府に集結した。私は忠や剛の顔を見たら帰国の決意が鈍るような気がして、とうとう家には帰らなかった。唐家窪子の義姉の家から山河屯に出向いた。忠夫、美智子、義夫の三人は劉奎林につきそわれて区政府に現れた。

劉淑貞に口を封じられていたのか、奎林は残した子供のことは何もいわなかった。それでも私は、どこかに忠や剛がいるような気がして絶えず、キョロキョロしていた。帰国者は私たちの他に若い娘が六人ばかりいた。山河屯界隈に日本人が私たちの他に六人もいたことに私はびっくりした。敗戦時に中国人に貰われて育った女の子ばかりだった。区政府から三十五万円の支度金が下附された。私たちはその金で、姉や夫につきそわれて服や、靴や洗面道具など、旅行に必要なものを一通り揃えることができた。

二十五日が山河屯の駅を出発する日であった。その日、部落の人々が多勢、私を見送りにきてくれた。挨拶もせずに出てきた私を見送りに、わざわざ山河屯まで駆けつけてくれたのであった。言葉を交じわすどころではなく、涙、涙の別れであった。「早く帰ってこい」「みんな待っているよ」という声ばかりであった。私は涙でくしゃくしゃになった顔で、ただ、頷くだけであった。

いよいよ汽車が出るという時になると、部落の人々は劉奎林を窓の前に押しだし、自分たちは二、三歩さがった。劉奎林を真中にして、劉叔母や劉淑貞、弟の奎文などが順次に私の手を握った。良人の劉奎林の手を私は握った。奎林は無言で涙の溜まった眼で私を見つめていた。私は「すみません、すみません」と繰り返すだけであった。手を離すとき、奎林は「忠や剛のことは心配いらねえ。辛いだろうから今日は連れてこなかった」と口早に低い声でいった。私は思わず、深々と頭をさげてしまった。

私が顔をあげた時、汽車はすでに駅の構内から離れてしまっていた。私は、がっくりと、座席に腰を落とした。汽車の汽笛が疲れた私の頭の上をぼーと流れていった。

（北崎可代著『中国に生きる』講談社、一九七三年）

むすび

日本赤十字社の記録によると、一九五三年七月で終える予定の引き揚げが、五五年一二月までかかった。途中、多くの問題を解決しながら、一二次にわたり、計二万九二三三人の帰国者が祖国の土を踏んだ。これには五四三四人の軍人・軍属、が含まれている。そして、それ以外に、里帰り二四人、第三国人一一六人、抑留漁夫八人、ベトナムからの引き揚げ者七一人が帰国船を利用した。また逆に、日本から中国に帰国した華僑は三一五四人であった。

一九五六年六月、三団体と中国紅十字会の「天津協定」の成立によって、中国でとらわれていた日本人の戦犯が釈放され、また、中国に残留している日本婦人の「一時帰国」が可能となった。これは、いわゆる〝里帰り〟といわれるもので、中国人と結婚した日本女性が、肉親に会うためや、墓参りのための一時帰国ができるようになったのである。

日本と中国の外交関係が不正常な状態で、紆余曲折はあったが、民間の三団体と中国紅十字会の交渉の成果が充分に出たのではないだろうか。五十万人以上の留守家族が待ちに待っていた、親兄弟、姉妹、子供たちが帰ってきたのである。

中国側との協議、そして共同コミュニケでは、船長船員の上陸は厳しく禁じられていたが、記録を見ると、第一次帰国船・白竜丸の乗組員は天津上陸を許された。百貨店見学や観劇などを愉しみ、夕食会などが催され、市内で一泊と、中国側の気遣いが報告されている。そして、その後、高砂丸、興安丸、白山丸と、ほとんどの船の乗員たちも天津や上海、秦皇島で一度は上陸を許され、同様の接待を受けている。

また、日本の報道陣の乗船も当初拒否されたが、五四年の第九次では、赤十字記者会加盟社一二人の新聞記者の乗船が初めて許された。そして、五五年の第一一次には、新聞記者一三人が天津に着き、代表らは北京訪問が許され、中国紅十字会の歓迎を受けた。交渉時のマスコミに対する厳しい対応は徐々に変化していった。何が原因であったのであろうか。

五三年から五五年にかけて、中国紅十字会代表団（団長・李徳全）、中国通商代表団（団長・雷任民）、中国科学代表団（団長・郭沫若）の訪日。また、中国へは日本の国会議員による超党派議員団や日本学術文化代表団（団長・安倍能成）など数多くの団体が中国を訪問した。こういった交流の増進が、結果的には戦犯の解放などにつながり、日本側に対しての対応が徐々に穏やかになっていったと思われる。

民間の三団体はそれぞれ役目を果たし、その存在感はクローズアップされた。そして、三団体以外でも、随員に選ばれた人たちも恩恵に浴したという。島田政雄・田家農著『戦後日中関係五十年』によれば、

——三団体代表団が訪中から帰国までの間にあげた成果は大きかった。代表団は入国に際して当面の打ち

合わせ課題以外に、国民から山ほどの友好のメッセージのほか、要望事項を持ち込んでいたからである。ことに六人の随員（工作員）の中には、総評を代表して平垣美代司（日教組書記長）と中国研究所の岩村三千夫理事がおり、総評、産別会議、全共闘など日本の各労働組合から中国総工会や中国要路へのメッセージが平垣書記長から、また日本の平和・友好団体の当面する諸課題や要望などが岩村理事から中国側に伝達され、中国側からは、日本総評、産別会議、全共闘各労組代表に中国メーデーへの招待状が、また日本の平和・友好団体への中国側の報告や要望も託され、往路も帰路も、お土産はどっさりであった。

参考文献・資料

高良とみ著『高良とみの生と著作』第6巻—和解への道（ドメス出版、二〇〇二年）
『日本赤十字社社史稿』第6巻（日本赤十字社、一九七二年）
機関紙『日本と中国』（日本中国友好協会発行）
「国会会議録」
厚生省援護局編『引揚げと援護三十年の歩み』（ぎょうせい、一九八八年）
厚生省社会・援護局援護50年史編集委員会監修『援護50年史』（ぎょうせい、一九九七年）
安藤彦太郎監訳『廖承志文集（上）』（徳間書店、一九九三年）
孫平化著『中国と日本に橋を架けた男』（日本経済新聞社、一九九八年）
蕭向前著、竹内実訳『永遠の隣国として』（サイマル出版会、一九九七年）
島津忠承著『人道の旗のもとに』（講談社、一九六五年）
小澤正元著『内山完造伝』（番町書房、一九七二年）
林祐一著『日中外交交流回想録』（日本僑報社、二〇〇八年）
岩村三千夫著『中国の外交』（大成出版社、一九七二年）
高田淳著『魯迅詩話』（中公新書、一九七一年）

畑中政春著『平和の論理と統一戦線』（太平出版社、一九七七年）
高良とみ著『非戦を生きる―高良とみ自伝』（ドメス出版、一九八三年）
宮崎世民著『宮崎世民回想録』（青年出版社、一九八四年）
北崎可代著『中国に生きる』（講談社、一九七三年）
加地信著『中国留用十年』（岩波書店、一九五七年）
松尾寛治編『叢中笑』（菅沼不二男遺稿集）一九八四年（非売品）
大谷育平編著『日中旅行史30年』一九四九―一九七九（白帝社、二〇一〇年）
古川万太郎著『日中戦後関係史』（原書房、一九八一年）
NHK取材班著『留用された日本人』（日本放送出版協会、二〇〇三年）
日中友好協会編『日中友好運動五十年』（東方書店、二〇〇〇年）
日本中国友好協会（正統）中央本部編『日中友好運動史』（青年出版社、一九七五年）
島田政雄・田家農著『戦後日中関係五十年』（東方書店、一九九七年）
井出孫六著『中国残留邦人』（岩波新書、二〇〇八年）
毛里和子著『日中関係』（岩波新書、二〇〇六年）
丸沢常哉著『新中国生活十年の思い出』一九六一年（非売品）
山本市朗著『北京三十五年（上・下）』（岩波新書、一九八〇年）
孫東民主編『永遠の隣人』（日本僑報社、二〇〇二年）

古川万太郎著『日中戦後関係史ノート』（三省堂、一九八三年）
林代昭著、渡邊英雄訳『戦後中日関係史』（柏書房、一九九七年）
週刊朝日編『続・値段の―明治・大正・昭和―風俗史』（朝日新聞社、一九八一年）
日本旅行文化協会『旅』No1（上田屋書店、一九二四年）
杉岡一鉄著『我忘れ難き八年』（文芸社、二〇〇二年）
河合俊三著『南支経済論』（三笠書房、一九四一年）
小川環樹著『談往閑語』（筑摩書房、一九八七年）
武吉次朗訳『続・新中国に貢献した日本人たち』（日本僑報社、二〇〇五年）
尾崎秀樹著『上海一九三〇年』（岩波新書、一九八九年）
榎本泰子著『上海』（中公新書、二〇〇九年）
千葉俊二編『谷崎潤一郎上海交遊記』（みすず書房、二〇〇四年）
『引揚港　舞鶴の記録』（舞鶴市、一九八五年発行、二〇〇八年改訂）
『二つの国の狭間で』「中国残留邦人聞き書き集第1～5集」（中国帰国者支援・交流センター）
西園寺公一著『西園寺公一回顧録―過ぎ去りし、昭和』（アイペックプレス、一九九一年）
『世界年鑑一九五二年版』（共同通信社、一九五二年）

謝辞

この本を書くに当たってご助力いただいた多くの人と組織に感謝を申し上げる。はじめに、引用文献や資料の著作権者の方々に出版社を通じ、できるかぎり許可をいただくよう努力してもらった。しかし、お亡くなりになられた方、著作権者が不明なもの、すでに出版社が存在しない等のケースがあり、結果的には連絡の取れない方もあった。――この場を借り、改めてお詫び申し上げるとともに、厚く御礼を申し上げたい。

わたしの周りに、当時、帰国された多くの方々がおられた。それらの人たちから話を聞くことができ、この「引揚問題」が非常に身近なものに感じ、記録を探ろうと決心した。文献・資料に関しては、拙著『日中旅行史30年』を執筆する際に集めたものに、新たな資料を加えたが、購入困難なものや、図書館にないものもあった。しかし、多くの方々のご協力を得、特に、大阪府日中友好協会から貴重な資料を借りることができ、結果、充実した内容のものができたと思っている。

また、高良とみのご息女・高良留美子さんから、高良とみ女史のプロフィールを送っていただいた。そのプロフィールドで、高良とみが一九三一年末と三五年の二度上海を訪れたことが判った。かつてから疑問を抱いていた『魯迅日記』との整合性がようやく納得できるものになった。高良留美子さんに感謝の意を伝えたい。

執筆するに当たり、記録性を重視するため、時系列に資料を並べ、ストーリー性はまったく考えなかった。引用した文献によっては誤字・脱字があり、また、代表団員がメモしたものを基に、何十年か経て出版されたため、文章として意味が通じない箇所もあった。そして、記録を残した人によって、考え方や思いの相違などがあり、文脈は一貫性を欠いているところもある。あきらかな誤字や数字の誤りは訂正したが、基本的には引用した資料に手を加えなかった。

日本政府はこの「引揚交渉」に直接的には参加しなかった。国交が正常化していないため、中国側が交渉相手として民間三団体（日本赤十字社・日本平和連絡会・日中友好協会）と高良とみ参議院議員を指名してきたからである。もちろん、三万人以上の日本人の引き揚げに、政府の助力無くしてうまくいくわけがない。出発までに、代表団は外務省と綿密な打ち合わせを繰り返し、北京滞在中も頻繁に日本政府と連絡を取った。民間三団体の人たちは、在華邦人が、一人でも多く、一刻も早く、祖国に帰れるようにと、一所懸命交渉を重ねたのである。その結果、共同コミュニケとなり、三万人の日本人の帰国が実現した。

また、交渉相手となる中国側の対応はまさに大人といえる〝寛容〟なものであった。「人道」「平和」「友好」の原則と精神で、中国全土に散らばっていた日本人三万人を港に集結させ、乗船までの費用（交通・宿泊・食事・

運搬）一切を、中国側が負担してくれたのである。わたしは民間人の〝熱意〟と、中国側の〝寛容〟に敬意を表したい。

最後に、本著出版に当たり、日中友好の大先輩である斎藤和弘氏、佐藤ナヲ女史、臼井潔氏などから多くの助言をいただいた。また、装画を元香川大学教授で画家の木村美鈴先生、表紙デザインは香川大学の秋山智教授と、素晴らしい人たちのご助力で本書を完成することができた。皆様には、厚く厚く感謝を申し上げる。

そして、題字は、いつもわたしを陰で支えてくれている妻・容子の筆であることを付け加えておく。

二〇一二年一月　大谷育平

大谷育平（おおたに　いくへい）

1952年、和歌山県生まれ
広島県日本中国友好協会　副理事長・事務局長
株式会社　西日本日中旅行社　代表取締役社長
広島ペンクラブ　会員
1978年、株式会社　日中旅行社　入社
1989年、株式会社　西日本日中旅行社　創立
現在に至る
中国渡航歴：200回以上

編著書・執筆歴：
『日中旅行史30年　1949-1979』（白帝社、2010年10月）
『人生に素風有り　入谷仙介先生追悼文集』「蜀と日本人」（研文出版、2005年）
『中国税理士会報』…「古代の相撲」（中国税理士会、2005年3月）
『Hiroshima』「視点」（広島商工会議所、2003年3月）
『中国新聞』…「中国論壇」「緑地帯」「晴読雨読」「でるた」「わたしの平和宣言」
『朝日新聞』…「旅のコラム」
『ペン』（広島ペンクラブ）…「改革・解放から和諧社会へ」「ゴージャスな冥界」「贋作」など

引揚交渉録——戦後、中国に残された日本人三万人を祖国へ

2012年5月25日　初版発行

編著者　大谷育平
発行者　佐藤康夫
発行所　（株）白　帝　社
〒171-0014　東京都豊島区池袋2-65-1
電話：03-3986-3271
FAX：03-3986-3272（営）　03-3986-8892（編）

組版／（株）柳葉コーポレーション　印刷／（株）平文社　製本／（株）若林製本所

Printed in Japan〈検印省略〉
＊定価は表紙に表示してあります